U0591115

中国企业出海的理想与经验

——万华化学国际化组织能力建设实践探讨

辛笠 著

中国商务出版社

·北京·

图书在版编目（CIP）数据

中国企业出海的理想与经验 ：万华化学国际化组织
能力建设实践探讨 / 辛笠著． -- 北京 ：中国商务出版
社，2024.9
ISBN 978-7-5103-5075-7

Ⅰ．①中… Ⅱ．①辛… Ⅲ．①化工集团－企业管理－
研究－中国 Ⅳ．①F426.7

中国国家版本馆CIP数据核字（2024）第025690号

中国企业出海的理想与经验——万华化学国际化组织能力建设实践探讨
辛笠 著

出版发行：中国商务出版社有限公司
地 址：北京市东城区安定门外大街东后巷 28 号 邮编：100710
网 址：http://www.cctpress.com
联系电话：010-64515150（发行部） 010-64212247（总编室）
　　　　　010-64243016（事业部） 010-64248236（印制部）
责任编辑：韩冰
排 版：德州华朔广告有限公司
印 刷：北京明达祥瑞文化传媒有限责任公司
开 本：710 毫米 ×1000 毫米 1/16
印 张：14.25 字 数：173 千字
版 次：2024 年 9 月第 1 版 印 次：2024 年 9 月第 1 次印刷
书 号：ISBN 978-7-5103-5075-7
定 价：88.00 元

序

　　面临千年未有之变局，中国企业在全球化的浪潮中，正以其独特的魅力书写着属于自己的国际化篇章。《中国企业出海的理想与经验——万华化学国际化组织能力建设实践探讨》这本书，旨在为中国企业的国际化之路提供有益的指导和启示。书中详细分析了中国企业国际化的现状、机遇、挑战，并对未来作出了积极的展望。这本书通过详细分析万华化学这个案例，从理论和实践两个方面探讨了全球化发展中的组织能力建设、人力资源管理、海外并购与整合、国际化人才培养、海外派遣人员管理、外籍员工管理等关键议题；本书还特别强调了跨文化冲突应对和融合的重要性，并提出了相应的策略和建议，以帮助中国企业在全球化竞争中取得成功。

　　辛笠先生是我在美世咨询时的同事，我们一起服务了山东的几家头部企业，他之前在万华化学任职超过十年，先后在采购部门和人力资源部门担任高管，尤其是在海外人力资源总监的任上获取了极其宝贵的一手实践经验，在本书中，他深刻地探讨了理想与经验在企业国际化进程中的重要性及其相互关系，更记录了中国企业在海外的发展经验及辉煌成就。在我个人看来，这是本书的最大亮点，如下是我读后的一些感悟：

理想：照亮前行的灯塔

理想，是企业的灵魂，是引领企业不断前行的灯塔。一个国际化企业的发展历程中，理想始终是最宝贵的财富。它不仅激励着企业追求卓越，还指引着企业在复杂多变的国际市场中，保持着清晰的方向和坚定的信念。

企业的理想，不仅体现在产品和服务上，还渗透于企业文化和发展战略中。正是这种对理想的执着追求，让中国企业在国际化的道路上，始终保持着创新和进取的精神。

经验：筑就成功的基石

经验，是企业在实践中积累的宝贵财富。它来源于企业对市场的深刻理解，对管理的不断优化，以及对风险的有效控制。在企业的国际化进程中，经验一定是最坚实的基石。

中国企业从最初的探索到全球化布局，它们在国际舞台上展现了中国企业的实力和风采，为推动构建人类命运共同体作出了积极贡献。一代一代中国企业经历了无数的挑战和考验。每一次的决策，每一次的调整，都凝聚了智慧和汗水。正是这些宝贵的经验，让我们在面对不同文化、不同市场时，能够更加从容和自信。随着"一带一路"等倡议的快速推进，中国企业的海外发展将进入新的阶段，为全球经济增长注入新的活力。

理想与经验的交融

理想与经验，不是孤立存在的，它们相互影响，相互促进。理想为我们指明了方向，而经验则为我们提供了实现理想的工具和方法。在企业出海发展过程中，要始终坚持理想与经验的有机结合。

我们用理想来激发团队的激情和创造力，用经验来指导我们的决策和行动。这种结合，让我们在国际化的道路上，既能够保持战略的前瞻性，又能够确保操作的实效性。

隆重推荐这本书

这本书是对所有有志于国际化发展的中国企业的宝贵参考，也是对万华化学国际化实践的深入剖析。本书除了提供万华化学的成功实操经验，还分享了作者在理想与经验方面的深刻思考。我相信，任何对国际市场感兴趣的有识之士，都能从这本书中获得启发和灵感。

最后，我衷心希望这本书能够成为读者了解和学习中国企业国际化经验的重要指引和参考，让我们一起期待并见证更多的中国企业在国际舞台上绽放光彩！

谨为序。

2024 年 8 月 5 日

乔岳

百望云资深合伙人、前美世中国副总裁

前言

在全球化的浪潮中，中国企业如同一艘艘即将远航的巨轮，正准备驶向未知而又充满机遇的国际海域。本书正是在这样一个时代背景下应运而生的，旨在为中国企业的国际化之路提供一盏明灯，指引它们在全球化的浪潮中乘风破浪。同时，本书深入探讨中国企业如何在这个全球化的时代中，通过提升组织能力、优化人力资源管理、深化跨文化冲突应对和融合，实现从本土到全球的华丽转身。

本书的创作背景，是中国企业在全球化浪潮中的积极探索和实践。随着中国经济的快速发展和对外开放的不断深化，越来越多的中国企业开始走出国门，参与国际竞争与合作。这些企业不仅在规模和数量上实现了跨越式增长，还在技术创新、品牌建设、市场拓展等方面展现出强大的活力和潜力。然而，国际化的道路并非一帆风顺，中国企业在海外市场的拓展过程中，遭遇了文化差异、管理挑战、法律风险等一系列问题。这些问题的出现，不仅考验企业的应变能力，也促使企业必须在战略规划、组织架构、人才培养等方面进行深刻的思考和系统的改革。

基于作者多年来对企业国际化的深入研究和丰富的实践经验，本书从中国企业国际化的现状与发展趋势出发，深入地分析了企业在全球舞台上的发展轨迹和动态变化。书中不仅提供了详尽的数据和案例分析，还汇总了成功企业的经验总结和分享，帮助读者深入了解中国企业出海发展的多方面问题，以及解决这些问题的关键路径。本书涵盖了海外并购与整合、国际化人才培养、海外派遣人员管理、外籍员工的管理，还涉及了跨文化冲突应对与跨文化融合等多个关键领域。通过对万华化学的全球化发展案例的深入剖析，本书揭示了企业如何通过战略规划、组织优化、文化融合等措施，从而成功实现国际化转型。

在国际化人才培养方面，本书强调了企业需要从战略层面重视人才的培养和储备，通过建立国际化人才培养体系，拓宽员工的全球视野和提升跨文化沟通能力。同时，书中也指出了外籍员工管理的重要性，提出了通过优化薪酬福利体系、建立有效的沟通机制、关注外籍员工的生活等措施，促进外籍员工的融入和企业的整体发展。

在全球化的背景下，不同文化背景的员工共事已成为常态。如何有效的管理和融合多元文化，提升团队的凝聚力和创新力，是中国企业国际化成功的关键。书中提出了通过跨文化培训、建立跨文化沟通平台、促进文化交流等策略，帮助企业构建和谐的多元文化工作环境。

通过详细分析中国企业在全球化发展中的成功案例和经验教训，本书为管理者和决策者提供了全面的有效信息和实用的建议。从华为在全球通信市场的突破，到阿里巴巴在电商领域的创新，再到万华化学在化工行业的全球布局，每一个故事都是中国企业的智慧和汗水的结晶，都是中国企业国际化道路上的重要里程碑。同时，本书也指出了中国企业在国际化进程中面临的挑战，文化差异、市场风险、合规要求、跨文化管理等都是中国企业必须克服的难题，作者通过深入的案例研究和理论分析，为这些问题提供了答案和解决方案。

在这个充满机遇和挑战的时代，中国企业的国际化之路注定充满坎坷。正是这些挑战和机遇，锻造了中国企业的韧性和创新力。《中国企业出海的理想与经验——万华化学国际化组织能力建设实践探讨》正是在这样的时代背景下，为中国企业提供了一份行动指南和思考框架。愿每一位读者都能从中获得启发，共同见证并推动中国企业在全球化舞台上创造辉煌。

本书共分为九章，每一章都围绕中国企业国际化的不同方面进行了深入的探讨和分析，从中国企业国际化的现状出发，深入剖析了中国企业在全球舞台上的发展轨迹和动态变化。通过对最新的数据和案例进行分析，本书不仅揭示了中国企业在国际化进程中所面临的挑战，也探讨了企业全球化发展的组织能力提升和人力资源管理的策略。书中汇总了成功企业的经验总结和分享，旨在帮助读者深入了解中国企业出海发展的多方面问题，并提供解决这些问题的关键路径。

本书的第一章通过对中国企业国际化发展的必要性和目的的探讨，揭示了中国企业走向世界的深层动因。同时，本章还分析了中国企业"走出去"的主要方式，海外投资与并购的发展现状及发展的亮点，为读者提供了一个宏观的国际化背景。第二章则聚焦于中国企业国际化发展的机遇、挑战与未来展望，不仅讨论了新兴产业机遇、人才优势机遇和国家政策机遇，还提出了中国企业在国际化发展未来走向的思考，为企业的战略规划提供了方向。第三章深入讨论了万华化学的全球化发展案例，从战略、组织、人力资源等多个角度剖析了其成功的关键因素，形成了一套独特的模型方法论，为企业的国际化管理提供了实践指导。第四章至第九章分别就海外并购与整合、国际化人才培养、海外派遣人员管理、外籍员工的管理，以及跨文化冲突应对与融合等关键议题进行了深入探讨，并提供了丰富的理论分析和实践指导。

在全球化的进程中，中国企业不仅要面对来自不同国家和地区的竞争对手，还要应对不断变化的国际政治经济形势。如何在复杂多变的国际环境中把握机遇、规避风险，是企业国际化战略规划中的重要内容。本书通过分析国际经济趋势、贸易政策、投资环境等因素，为企业提供了一系列应对策略和建议。

本书中还探讨了中国企业在海外并购与整合中的经验与教训。并购作为企业快速获取资源、技术、市场的有效手段，在全球经济一体化的今天变得日益重要。然而，并购要想获得成功并非易事，它涉及文化融合、管理对接、法律合规等多个方面。本书通过案例分析，揭示了并购成功的关键因素，为企业的海外并购提供了宝贵的参考。

在人力资源管理方面，本书提出了一系列创新的思路和方法。在全球化背景下，企业需要建立更加灵活和高效的人力资源管理体系，以适应不同国家和地区的工作环境。本书中讨论了如何通过优化招聘流程、提升员工绩效管理、实施多元化激励机制等措施，提升企业的人力资源管理水平。

企业文化既是企业核心竞争力的重要组成部分，也是企业吸引和留住人才的关键。在全球化的进程中，企业需要建立开放包容、创新进取的企业文化，以促进不同文化背景的员工之间的交流与合作，从而提升企业的凝聚力和创新力。作者在创作本书时，始终秉持着专业、严谨的态度，力求为读者提供准确、全面的信息和见解。相信本书的出版，可以使读者对中国企业出海发展趋势和路径有更深刻的理解，同时也为企业的可持续发展提供有益的指导和启示。

在本书中，我们不仅看到了中国企业在国际化道路上的坚定步伐，也看到了它们在全球化竞争中的智慧和勇气。本书中的每一个案例、每一次分析、每一条建议，都是对中国企业国际化实践经验的总结，也是对未来发展的深思熟虑。希望这本书能够成为各界人士学习、交流、研究中国企业出海发展的重要参考资料，也期待这本书能在全球化的浪潮中为中国企业的国际化道路提供有益的指导和启示。

总之，《中国企业出海的理想与经验——万华化学国际化组织能力建设实践探讨》不仅为中国企业提供了一份详尽的国际化发展指南，还为全球化时代的企业管理提供了深刻的思考和实践借鉴。在全球化的大潮中，中国企业如何乘风破浪，实现可持续发展，这不仅是企业自身发展的需要，也是中国乃至全球经济发展的必然要求。最后，我衷心希望这本书能够成为各界人士学习、交流、研究中国企业国际化出海的宝贵参考资料，并为中国企业在全球化竞争中把握商机提供深度思考和理论支持。愿我们共同见证并分享中国企业在全球化舞台上展现的勃勃生机和潜力！

在本书的写作过程中，需要由衷的感谢王悦先生的不断督促与中肯建议，刘姝辰老师不厌其烦的支持与指导，韩旭老师的辛勤整理校稿；也感谢我的家人一直以来对我创业的支持。同时，感谢我的老东家万华化学提供的实践机会和平台。最后，谨以此书致敬顾准先生。

辛笠

2024 年 4 月

目 录

第一章

中国企业国际化发展现状分析

一、中国企业国际化发展的必要性

在经历乌克兰危机与世纪疫情后，国际关系持续紧张、动荡，世界正在经历前所未有之大变局。自改革开放以来，中国企业的国际化发展经历了从单纯的产品出海到生产、服务、品牌全面出海的过程。中国作为经济与人口大国，发展受益于全球化，同时也大大推动了全球化发展进程。在国际形势云谲波诡的今天，全球化依然是中国进一步发展的必经之路，也是中国推动人类发展所要承担的必然使命。对于中国企业来说，坚定走出去不仅是自身发展的需要，也是国家发展的需要、世界发展的需要和人类发展的需要。

1.历史使命

中国企业国际化发展既是中国经济发展的必然要求，也是中国企业应承担的历史使命。中国作为世界上最大的发展中国家，既拥有庞大的市场需求，又拥有丰富的人力资源和技术实力。通过国际化发展，中国企业可以为推动中国经济的快速增长和发展作出更大的贡献。

此外，中国企业国际化发展也是中国经济适应全球化趋势的需要。随着全球化的深入发展，国际市场融合越来越紧密，企业需要在全球范围内寻求更多的合作机会和发展空间，只有这样才能真正融入全球化的竞争体系中，从而参与世界市场规则的制定，最终实现可持续发展。

2.人类发展使命

中国企业国际化发展也与人类发展的使命紧密相关。全球化使各国之间的联系日益紧密，人类社会更加依赖各国之间的合作与交流。中国企业国际化发展可以促进全球资源的共享与合理利用，推动全球经济的健康发展。中国企业的技术、产品和服务进入国际市场后，可以为各国提供更多的选择和便利，促进全球合作与交流，推动人类社会共同进步。

另外，中国企业国际化发展还有助于解决全球性问题，如气候变化、能源危机、贫困等。通过推动可持续发展、绿色发展和社会责任，中国企业可以积极参与解决这些全球性问题，为构建人类命运共同体作出贡献。

二、中国企业国际化发展的目的

企业的发展在一定时刻紧跟时代脉搏，与国家发展同频。在过去的二十多年里，随着国家实力的快速提升与全面发展，中国企业也乘着东风不断探索国际化道路。总结过去二十余年中国企业出海目的的变迁，无不与国际形势和国家政策紧密相关。

自我国加入世界贸易组织，在市场及技术全球化的驱动下，中国的优势产业快速进行海外布局，这个阶段的代表性行业包括家电制造业、计算机制造业、化工行业等。2008年，受美国次贷金融危机的影响，全球经济震荡，为应对日益严峻的经济形势，国家制订了"4万亿元投资计划"，那个阶段市场的钱是很多的，所以中国非常多的出海企业都是受资本驱动、资源驱动的，比较常见的，像万达收购美国的AMC院线，复星集团通过海外收购快速铺开全球化布局。尤其是复星集团，2008年开始向海外发展，截至2015年6月，其在中国境外共计投资36个项目，共计98亿美元。从2018年开始，企业出海发展一个很明显的特征是受国际关系和国家政策的影响。特朗普上台后，美国政府对中国发动了贸易战，这个阶段出口关税的大幅上涨对很多行业产生了颠覆性的影响，很多出口贸易型企业遭受重创，轮胎行业、橡胶行业及相关的其他制造业开始寻求通过海外建厂来规避关税壁垒。医药行业在国家集中带量采购、关联审批、一致性评价等一系列改革措施的影响下，大幅减少了药品的流通环节，推动了整个产业链的变革，同时也推动了行业整体创新发展，知名药企纷纷在国际竞争力培养方面发力。2021年后，全球局势进入更为复杂的阶段，出海发展较为瞩目的几个行业包括新能源汽车、互联网行业、游戏行业等。新能源汽车行业属于产业链整体出海，仅在匈牙利就有二三十家上下游相关企业，产业链基本完整配套。从比亚迪到宁德时代、欣旺达、亿纬锂能、华友钴业、恩捷等，产业链整体出海在一定程度上可以规避因国际关系而造成的供应链脱钩的影响。对于互联网行业，如字节跳动，以及游戏行业的这种大规模出海，其实也是把目标市场扩大到全球范围去匹配产品与服务。

　　所以在不同的历史阶段，我们出海的诉求和背后的动机是有所不同的，除了经济性因素，其背后也会有一些关键历史事件的推动。除此以外，中国企业出海很重要的一个因素是，很多产业的产能是为全世界市场准备的，当有一天生产资料在全球市场流动不那么顺畅的时候，走出去就成为很多中国企业的关键发展战略。

　　无论处于哪个阶段，我们都切实地看到中国企业出海发展可以带来更大的市场、更多的资源、更高的品牌影响力、分散风险和提升竞争力，有助于实现企业的长期可持续发展。一般来说，企业出海发展有以下目的。

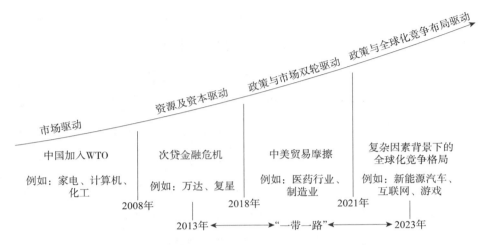

图1-1　出海浪潮：中国企业全球扩张的关键时期与驱动因素

资料来源：作者创作。

（1）扩大市场规模

由于国内市场的竞争日益加剧，企业为了获得更大的发展空间，需要将目光转向海外，开拓更大的市场，国际化可以带来更多的销售机会和利润增长。例如，华为的海外市场占据了其1/2以上的销售收入。

（2）获取先进技术和管理经验

开展海外业务或者跨国并购，可以使企业获取先进的技术和管理经验，进而提升企业的竞争力。例如，联想收购IBM的PC业务部门后，获得了先进的技术和品牌影响力。

（3）资源获取

一些资源类企业为了获取稀缺资源，也需要开展海外业务。例如，中国的石油公司在南美洲等地投资油气开发。

（4）风险分散

国际化发展可以降低中国企业的风险。在一个国家市场中经营，企业面临的风险较高，如政策变化、市场波动等。而通过在多个国家开展业务，可以分散风险，降低对单一市场的依赖。

（5）提升竞争力

国际化发展可以提升中国企业的竞争力。在国际市场中，中国企业面临来自全球各地的竞争对手，这促使企业不断提高自身实力和创新能力，以适应激烈的竞争环境。

（6）优化全球布局

通过在全球范围内布局产业链条，企业可以提高运营效率、降低成本并提升产品的竞争力。比如，宝钢集团在全球范围内布局，形成了以中国市场为基地，海外市场为延伸的经营格局。

（7）国际化战略

一些具有全球雄心的中国企业，通过海外发展，提升国际影响力和品牌形象。例如，阿里巴巴通过海外发展，已经成为全球最大的电子商务平台之一。

三、中国企业"走出去"的主要方式

企业出海发展方式的选择是出海发展的第一步，尤其对于那些主动布局出海而非被业务拖着被动出海的企业来说，有更多选择的空间，同时也需要考虑更多的因素。这些因素包括市场情况、资源投入、发展战略、风险偏好、文化差异等。第一，市场的规模、增长趋势、竞争格局、政策法规等都会直接影响企业选择合资、独资或合作等方式。例如，大规模的外国直接投资一般需要更长的时间来实现盈利，而对于新兴市场，合作可能更具吸引力。第二，企业的资源投入和财务状况也是一个关键因素。直接出海需要更多的资金、技术和管理资源，而选择合资或合作方式可能对资金和资源的要求相对较低。因此，企业需权衡自己的资金实力和可用资源。第三，企业的发展战略也对选择出海方式产生重要影响。企业是否希望长期经营、迅速扩张或是寻求合资合作等因素会影响出海方式的选择。第四，企业的风险偏好也会影响企业选择出海发展的方式。此外，文化差异也是一个重要的影响因素。不同的市场和地区有着不同的文化背景、商业习惯和管理方式，企业需要在选择出海方式时考虑这些差异，并寻找适合的合作伙伴或开展相关培训，以适应当地市场。

企业出海常见的集中方式主要包含以下九种方式。

（1）对外投资

对外投资包括直接投资和间接投资。这是企业出海发展的主要形式，即在海外建立工厂或子公司，购买海外企业或其部分股权，通常涉及企业参与到海外公司的经营管理中。例如，中国化工集团公司在2016年以430亿美元的价格收购了全球化肥与农药制造商先正达公司。[①]

（2）设立海外分支机构

这是通过在海外设立自己的生产、研发、销售等机构的方式，向外部提供自有品牌的产品或服务。

（3）合资、联营和兼并收购

通过合资、技术合作、联营或兼并收购的方式与海外企业进行合作，一方面可以借用海外企业的资源和能力；另一方面能够扩大自身的市场覆盖范围。例如，华为与许多国际知名企业进行技术合作，开发出新的产品或解决方案。

（4）扩大出口贸易

利用自身的优势产品，将其产品出口到海外市场，也是企业出海的一

---

① 据中国化工集团公司官网2016年2月3日官网公告。

种形式。形式上，跨境电商利用互联网，直接将产品销售到海外市场。比如，阿里巴巴的全球速卖通就是这样一种形式。

（5）海外上市

企业在海外的证券交易所上市，可以获得资金支持，也可以提升企业的声誉和知名度。比如，阿里巴巴于2014年在美国纽交所上市，创下全球最大IPO纪录。[①]

（6）实施国际采购

通过在海外采购原材料或设备，以降低成本、提高产品质量或获取先进的技术。

（7）建立全球供应链

建立全球供应链包括在海外设立生产基地、采购中心、研发中心、物流中心等，以提高企业的全球竞争力。

（8）开设海外研发中心

通过开设海外研发中心来吸收和学习海外先进技术和管理经验。例如，中国的互联网巨头腾讯在全球设立了多个研发中心。

（9）国际项目承包

承接海外的基础设施建设等大项目。例如，中国国家电网、中国建筑、中国中铁等公司，承接了许多"一带一路"沿线国家的基础设施项目。

---

① 据国际在线消息2014年9月19日新闻报道。

四、中国企业海外投资与并购的发展现状

1. 中国海外投资规模持续攀升

2016年，中国海外投资规模达到历史巅峰，中国首次对外直接投资（OFDI）超过外国直接投资（FDI），自此以后受国际经济局势、政治环境、新冠疫情等因素影响，中国海外投资规模有所下降，2020年起全球新冠疫情好转，对外投资持续回升。根据安永发布的2019年至2023年中国海外投资概览数据显示，近五年中国企业境外投资呈现以下四个特征：①受国际环境和新冠疫情影响较大，境外并购面临新挑战；②民营企业投资占比增加；③与产业升级、消费升级相关的新经济行业占主导；④投资重点区位偏向亚太。

由图1-2、图1-3可以看到，从2019年到2023年一季度，中国全行业对外投资的整体趋势基本处于增长态势，其中"一带一路"沿线国家非金融类投资也呈增长的趋势，而且2023年一季度比2022年一季度还是有显著的增长。所以这就是很明显的一个趋势，中国企业普遍地在做产能的外移输出，这是一个大的趋势，虽然全球经济下行，但是中国企业的投资方向普遍还是在往外走①。

---

① 根据安永发布的《2023年一季度中国海外投资概览》报告显示数据。

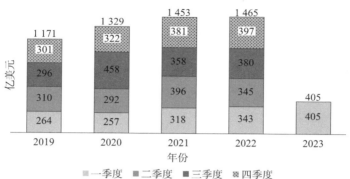

图1-2　中国全行业对外直接投资趋势

资料来源：安永《2023年一季度中国海外投资概览》报告。

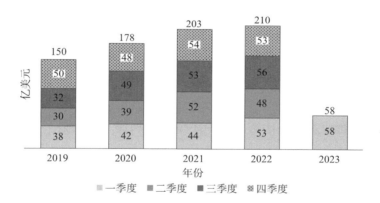

图1-3　对"一带一路"沿线国家非金融类投资呈增长趋势

资料来源：安永《2023年一季度中国海外投资概览》报告。

2023年一季度对外绿地投资和并购的总额增加的主要原因是基于对未来发展的良好预期，来自越来越多的中国企业选择加快国际化步伐，尤其是新能源汽车产业链、光伏产业链等企业，选择通过绿地投资在海外设厂。

2023年一季度中国企业宣布的海外并购金额大幅减少，创历史新低，一方面受全球经济及新冠疫情影响，中国企业海外并购继续保持审慎态度；另一方面未披露金额的交易占比也有所上升，对交易金额统计有所影响（如图1-4所示）。

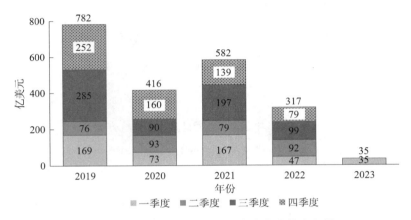

图1-4 不同时期中国企业宣布的海外并购金额

资料来源：安永《2023年一季度中国海外投资概览》报告。

2.民营企业投资占比增加，中小型企业加速"走出去"

"走出去"的企业到底是什么样的企业？很多出海发展的成功案例都是大众所熟知的行业巨头，对于很多中国企业，尤其是民营企业来说似乎关注"走出去"的话题单纯是为了开阔视野。但是根据商务部发布的《2022年度中国对外直接投资统计公报》数据，从2006年到2022年的发展趋势来看，中国对外投资存量中，非国有企业"走出去"的整体趋势是快速上升的，中间一度略高于国有企业的比重，如图1-5所示。对比飞书深诺《2023年中国企业出海信心报告》，除了大众熟知的行业巨头，越来越多的中小型企业也在尝试出海寻找更大的发展空间，如图1-6所示。

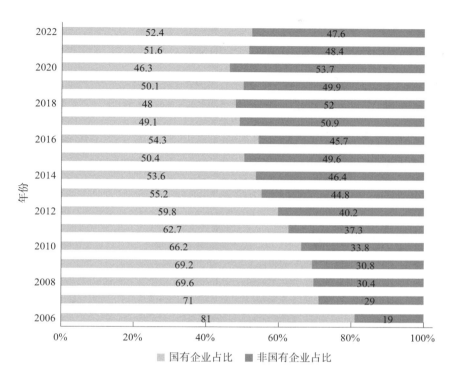

图1-5　2006—2022年中国国有企业和非国有企业存量占比情况

资料来源：商务部《2022年度中国对外直接投资统计公报》。

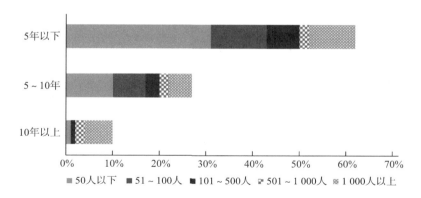

图1-6　企业开展海外业务的时间与规模分布情况

资料来源：飞书深诺《2023年中国企业出海信心报告》。

中国对外直接投资存量覆盖行业主要包含以下几大行业：租赁和商务服务业以10 737.4亿美元高居榜首，占中国对外直接投资存量的39%。批发和零售业以3 615.9亿美元位列第二，占13%。金融业3 039亿美元，占11%，其中货币金融服务占比47.7%。制造业2 680亿美元，占10%，主要分布在汽车制造、计算机/通信及其他电子设备制造、专用设备制造等。其中，汽车制造业存量631.8亿美元，占制造业投资存量的23.6%。采矿业2 101.3亿美元，占8%，如图1-7所示。

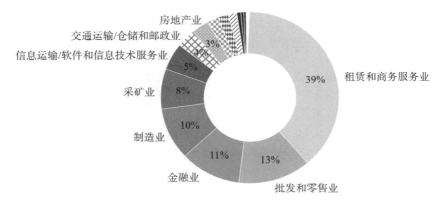

图1-7 2022年全球对外投资并购行业分布（数量占比分析）

资料来源：商务部《2022年度中国对外直接投资统计公报》。

2023年，国际形势依旧动荡，经济环境充满巨大的不确定性，在这种背景下，我国企业出海发展的势头依旧平稳提升，飞书深诺《2023年中国企业出海信心报告》显示，在参与调研的企业中，大多数企业是有明确的海外扩展计划的，反映了企业出海发展的信心，越来越多的企业意识到越是在经济下行的情况下，出海越是更具可能性的发展方式，如图1-8所示。

有海外扩展计划　　　　　暂不确定　　　　　无海外扩展计划

图 1-8　2023 年中国出海企业的海外业务扩张计划分析

资料来源：飞书深诺《2023 年中国企业出海信心报告》。

此外，2023 年一季度，中国企业对外承包工程在"一带一路"沿线国家和地区新签合同额 255.4 亿美元，同比增长 3.7%，占同期总额的 59.2%，较 2022 年同期提高了 7.2 个百分点。一季度中国企业在海外新签大项目包括乌兹别克斯坦太阳能光伏电站合作协议（投资金额约 20 亿美元）、刚果（金）城市铁路项目（合同金额约 9.7 亿美元）、沙特阿拉伯海水淡化和营地项目（合同金额约 6.5 亿美元）、尼日利亚水泥生产线项目（合同金额约 5.8 亿美元）。

从中国企业海外并购情况来看，先进制造与运输为最受欢迎的行业。安永《2023 年一季度中国海外投资概览》报告显示，按交易金额统计，一季度中国企业宣布的海外并购前三大热门行业分别为先进制造与运输，房地产、酒店与建造业，以及数字新媒体产业（TMT），共占总交易额的 73%。主要交易包括某中国企业收购知名瑞士企业旗下位于美国的电力转换部门，以完善自身产品组合，加速其在电源行业的升级和在北美洲市场的发展；某中国不动产管理公司认购位于越南的某物流、工业新经济地产平台；某中国企业收购埃及某集装箱码头部分股份，进一步强化了其在埃及的码头网络；某中国企业收购德国某汽车零部件企业，促进了该中国企业产业链整合，夯实其在电动车领域的发展优势。按交易数量计，前三大热门行业为TMT、先进制造与运输，以及金融服务，占总量的61%。

从区域上看，中国企业海外并购对亚洲的热度最高。一季度中国企业在亚洲宣布的交易金额与数量均位列第一，交易金额为10.1亿美元，同比下降34%；但亚洲是交易数量唯一取得增长的大洲，同比增长38%，达51宗。在最受中国企业青睐的前十大目的地中，有四个来自亚洲，分别为越南、阿曼、日本和韩国，四国占中国企业在亚洲宣布的并购总额的87%。一季度，中国与东盟的合作关系进一步深化，菲律宾总统、柬埔寨首相、东盟秘书长，以及新加坡和马来西亚两国总理相继访华，各方与中国分别探讨了多领域的合作意向，未来东盟仍将为中国企业国际化发展的重点区域，尤其是在基础设施、绿色环保和数字经济及金融等方面有较好的发展前景和增长机遇。

与此同时，近年来，中国企业对欧美国家的投资热度逐步减退。一季度中国企业在欧洲宣布的并购金额为9.5亿美元，同比下降39%；宣布的交易数量32宗，同比下降24%，主要投向英国（房地产、酒店与建造业）和德国（先进制造与运输业），两国的交易金额占中国企业在欧洲宣布的并购总额的86%。

中国企业在北美洲宣布的并购金额为9亿美元，同比减少6%；宣布的交易数量为21宗，同比减少9%。中国企业在北美洲的投资主要投向TMT及医疗与生命科学行业，两行业并购金额占中国企业在北美洲投资总额的94%，虽然本期中国在美国的并购金额降幅趋缓，但在中美关系紧张的当下，地缘政治因素仍对中国企业在北美洲的投资有较大的制约效应。

中国企业海外并购此消彼长，主要受地缘政治因素的影响。近年来，地缘政治风险加大，中国企业不仅在进入欧美国家时面临更严苛的投资审查，而且已进入的企业也面临更多、更复杂的合规要求，对企业后续经营也造成挑战。国家间关系发展与协议政策产生关键的导向性，是影响中国企业海外并购的重要因素。

2022年底及2023年一季度以来，中国政府与众多亚洲国家（包括哈萨克斯坦、乌兹别克斯坦、越南、巴基斯坦、柬埔寨、泰国、蒙古、老挝、沙特阿拉伯、菲律宾、土库曼斯坦、伊朗、新加坡、马来西亚等）展开高层互访，加强政策沟通与协调，数量远高于与其他大洲国家的互动，这也为中国企业的海外发展提供了更多的方向和机遇[①]。

五、中国企业海外发展的亮点

1. 高新技术领域的创新突破

中国企业在互联网、人工智能、物联网、云计算等领域的创新和突破，为中国企业提供了更多的产品和服务的种类与形式，也为中国企业在海外市场提供了更多的差异化和优势化的可能。

小米在智能手机、智能电视、智能家居等领域的技术创新和产品多样化，为其在海外市场赢得了大量的用户和口碑，也为其在海外市场建立了强大的品牌影响力。拼多多在社交电商、农村电商、新品牌孵化等领域的技术创新和模式创新，为其在海外市场提供了一个与传统电商不同的选择和体验，也为其在海外市场打开了一个新的增长空间。

2. 行业分工更加完善和专业

中国企业在出海过程中不再是单打独斗，而是与其他国家和地区的企业进行合作与竞争，形成了一个更加完善和专业的行业生态链条。这对于中国企业来说是一个有利因素，中国企业可以利用自身的优势和特色，与

---

① 来自安永《2023年一季度中国海外投资概览》报告。

其他国家和地区的企业进行互补和协同，提高自身的效率和效果，也降低了自身的风险和成本。

腾讯在游戏、社交、音乐等领域与美国、欧洲、日本等国家或地区的企业进行投资、授权等方式的合作，为其在海外市场提供了更多的内容和服务，也为其在海外市场提高了自身的影响力和收益。阿里巴巴在电商、物流、支付等领域与东南亚、非洲、中东等地区的企业进行了投资、支持等方式的合作，为其在海外市场提供了更多的基础设施和平台，也为其在海外市场扩大了覆盖范围和用户群。

3.竞争环境推动诞生全球化品牌

中国企业在出海过程中面临来自各方面的竞争和挑战，这促使中国企业不断提高自身的产品和服务的质量与水平，也促使中国企业不断提升自身的品牌形象和价值，从而在海外市场树立一个全球化的品牌。这对于中国企业来说是一个重要的目标和成果，它意味着中国企业在海外市场获得了用户和市场的认可与尊重，也为中国企业在海外市场带来了更多的忠诚度和口碑。

华为在通信、手机、云计算等领域的技术创新和产品优势，为其在海外市场赢得了大量的用户和合作伙伴。海尔在家电、智能家居等领域的产品创新和服务优势，为其在海外市场赢得了大量的用户和信任，也为其在海外市场树立了一个全球性的品牌。

4.目标和策略更加多元和灵活

中国企业出海的目的地不再局限于传统的欧美市场，而是向新兴市场（如东南亚、拉美、非洲、中东等地区）拓展，根据不同的市场需求、竞争、风险、机会等因素，选择合适的出海模式和方式，如投资、合作、授权、分拆上市等。

5.竞争力和影响力更加强大

中国企业出海的手段不再依赖于低成本和低价的优势，而是借助技术创新、产品优化、服务升级、品牌建设等方面。通过提高自身的产品和服务的质量与水平，满足海外用户的需求和喜好，符合海外市场的标准和规范，从而树立起全球性的品牌。

在全球化的大背景下，中国企业国际化的必要性更加凸显。无论是响应国家"一带一路"倡议，还是为了企业自身的可持续发展，中国企业都需要在国际市场上寻求新的成长空间。在这一过程中，企业不仅要面对激烈的国际竞争，还要面对文化差异、法律风险、市场不确定性等多重挑战。未来，中国企业在国际化道路上的成功将依赖于其组织能力的提升、人力资源的有效管理、跨文化冲突的妥善应对以及外籍员工的有效融合。通过不断学习和创新，中国企业将能够在全球经济中占据更重要的地位，为推动构建人类命运共同体作出更大的贡献。

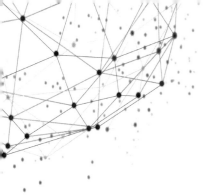

第二章

中国企业国际化发展的机遇、挑战与未来展望

一、中国企业国际化发展的机遇

1. 新兴产业机遇

随着全球科技的迅速发展和智能化时代的到来，新兴产业成为一个新的增长点。中国企业可以通过技术创新和市场开拓在新兴产业中寻求机遇。

新兴产业是指由于新技术、新产品或新服务而出现的新型产业。这些产业往往处于起步阶段，但有着极大的发展潜力。例如，人工智能、云计算、物联网、生物技术等都是当前较为热门的新兴产业。随着科技的进步，这些领域将会有更多的发展机会。

中国作为全球第二大经济体，对新兴产业的发展非常重视。政府制定了一系列政策来鼓励企业在这些领域进行创新和投资。例如，政府提出了"中国制造2025"计划，旨在培育高端装备制造业、新材料产业、新能源汽车等领域的发展。此外，政府还设立了各种基金来支持创新型企业的发展。

对于中国企业来说，抓住新兴产业的机遇是至关重要的。首先，这些产业发展前景广阔，有着巨大的市场潜力。其次，这些领域相对较为开放，对于创新型企业来说，进入门槛相对较低。最后，新兴产业处于起步阶段，还没有出现垄断，这给了后来者一个良好的竞争机会。

同时，中国企业要想在新兴产业中取得成功，也面临一些挑战。首先是技术研发能力和专利布局方面的问题。创新型企业需要不断进行技术创新和专利布局，才能在市场上占据优势。其次是人才供应的问题。随着科技的进步，对于高端人才的需求越来越大，企业需要加强人才引进和培养工作。最后是国际市场竞争的问题。新兴产业具有全球性，企业需要面对来自世界各地的竞争对手。

2. 人才优势机遇

中国拥有庞大的人口基数，这也意味着中国拥有庞大的劳动力资源。中国的教育水平正在逐渐提高，高等教育体系也在不断发展，越来越多的中国学生选择留学海外并取得了较高的学位。这些因素使中国拥有庞大而素质较高的人才资源，这也是中国企业出海的一个优势。中国企业可以利用这个优势吸引当地的优秀人才，提高自身的竞争力。

首先，中国企业可以通过招聘当地人才来降低成本。由于中国的人力资源市场规模巨大，相对于其他国家，中国企业在用人方面具有一定的优势。此外，中国人才市场的竞争程度相对较高，使企业能够更加高效地选拔到最优秀的人才。

其次，中国企业可以通过这个优势来提高自身的创新能力。当地人才拥有丰富的文化背景和行业经验，这些将为中国企业的产品和服务带来新的思路和技术。此外，当地人才也能够帮助中国企业更好地了解当地市场和文化，从而更好地适应当地的需求。

最后，中国企业可以通过这个优势来提高自身品牌形象。当地优秀人才的加入会为中国企业增加一份"本地化"的色彩，并提升企业在当地市场中的知名度和声誉。这将有利于中国企业在当地市场中获得更大的市场份额和推动企业的进一步发展。

3. 国家政策机遇

中国政府一直鼓励企业"走出去"，实现国际化发展。政府加大对出海企业的政策支持力度，为中国企业在海外市场上的发展提供了强有力的保障。

首先，政府通过一系列政策和措施，为企业出海提供了更好的政策环境。例如，政府提出"一带一路"倡议，积极构建区域合作伙伴关系，为企业的海外投资提供了广阔的发展空间；同时政府还设立了多个基金，为企业提供经济支持和技术创新支持等多个方面的扶持，促进企业的国际化发展。

其次，政府也在加强对出海企业的风险防范和保护。政府会在企业出海前进行严格审核，评估企业的资质、能力和潜在风险，并提供必要的法律和商业咨询服务，以确保企业的海外投资安全可靠。同时，在企业遇到海外投资风险时，政府也会及时采取各种措施，为企业提供保护和救助，保障企业利益。

最后，政府也积极营造国际化的投资环境，为企业在海外市场上的发展提供良好的资源和平台。例如，政府积极参与各种国际性的贸易协定和组织，为企业提供更多的商机和市场资源。同时，政府还通过各种形式的合作项目，促进中国企业与国外企业的交流与合作，加强企业间的合作和竞争，提升中国企业的国际竞争力。

二、中国企业国际化发展未来走向

可以预见，未来十年中国企业全球化发展方式与过去是完全不同的。经过大浪淘沙的洗礼，中国企业全球化发展步入了一个新的阶段。劳动力集中、成本低等优势逐渐淡化，新兴行业的竞争也愈加激烈，企业真正的核心竞争力及管理能力、文化底蕴，才是支撑企业长远发展的根本。所以，当前讨论中国企业出海发展时，应主要聚焦在如何真正帮助中国企业发展成为全球化的跨国公司，而当前中国企业的全球化还处于探索尝试的初级阶段，主要的挑战仍然聚焦在如何迈出第一步，如海外设立办事处、尝试并购和投资，但对标欧美许多跨国企业的全球化进程，要想打造全球化跨国公司，学习如何进行跨国管理，以及不同文化背景下的管理体系搭建，将是中国企业在今后很长一段时间内需要修炼的内功。成为真正具备全球影响力的中国企业、中国品牌，是中国企业全球化发展的必然趋势。

中国企业"走出去"的下一阶段，要朝着高质量的方向迈进。具体可从以下两个方面入手：一是改变投资方式。未来中国企业的投资应该同构建中国企业主导的全球产业链和供应链结合起来，这不仅有利于通过自己构建产业链的方式走向产业链高端、改变中国企业长期处于产业链中低端的现状，而且还能够促进、配合国内的产业升级。二是聚焦特定的产业。当前我国产能富裕型产业、优势产业和服务业是三类可以重点聚焦出海的产业。虽然现在形势有一些变化，遇到一些挑战和困难，但是挑战中蕴含机会，不要抱有畏难心理，应该迎难而上。

全球化智库（CCG）专家认为，中国企业"走出去"过程中所面对的海外监管、合法合规与多元化融资渠道等具体的全球化实践问题，以及国际人才的培养、品牌的建立等，都需要投资海外的中国企业拥有更加广泛、灵活的经营思路和直接、有效的实践策略。

三、中国企业在国际化发展过程中的挑战

综合贝恩《从"走出去"到"全球化"：中国科技/高端制造企业加码国际化战略白皮书（2023）》及埃森哲《2022中国企业国际化调研》报告，中国企业出海发展过程中会面临从战略到管理方方面面的挑战，最为核心的是整体组织运营能力的提升，如图2-1、图2-2、表2-1所示。

战略规划

陷阱1：缺乏风险意识
陷阱2：缺乏长期视角
陷阱3：延长线思维

内部管理

陷阱4：生搬硬套国内战术
陷阱5：建设品牌急功近利
陷阱6：缺乏系统性全球人才规划

外部关系

陷阱7：孤军奋战，未能与当地生态伙伴建立生态联盟进而形成合力
陷阱8：不重视ESG价值

图2-1　中国企业国际化战略规划的挑战与陷阱

资料来源：贝恩《从"走出去"到"全球化"：中国科技/高端制造企业加码国际化战略白皮书（2023）》。

表2-1　各种挑战的具体分析

1	风控与合规	1-1 缺乏对海外各地区各类风险的预判和处理能力，只能边尝试边积累
		1-2 风险发生后，对海外法律诉讼经验不足，应对过于被动
2	全球管控与运营	2-1 海外并购后，缺乏对当地企业有效的整合和管控手段
		2-2 海外业务的管控运营僵化，一事一议/一区一策，无法迅速扩展和调整
3	人才与组织	3-1 中国企业在海外国家认同感较低，出现招聘难、留用难等问题
		3-2 无法根据各地市场情况提供差异化的员工体验
4	数据分析和决策	4-1 各市场的数据割裂，无法在总部对全球业务和运营情况进行有效的数据分析与洞察
		4-2 缺乏有效的数据分析和决策流程，决策周期长，难以对各地市场变化做出迅速反应
5	生态及合作伙伴	5-1 在企业的海外拓展中，难以找到能够支持企业在出海不同阶段中需求的合作伙伴
		5-2 在高度不确定的国际环境中，难以获得帮助企业快速搭建全球商业生态的合作伙伴
6	供应链	6-1 缺乏全球化供应链战略体系和布局，走一步看一步
		6-2 新冠疫情使海外供应链受到冲击，影响公司经营
7	海外业务战略	7-1 对全球业务的复杂性和不确定性缺乏充分认知，难以有效梳理发展主次和脉络
		7-2 没有自上而下的顶层设计，仍处于"哪好卖去哪里"的状态

资料来源：埃森哲《2022 中国企业国际化调研》。

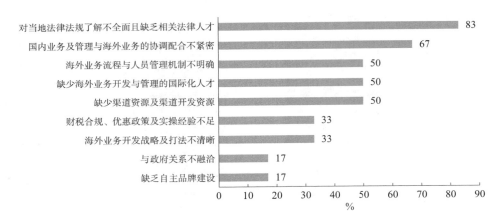

图2-2　中国企业海外发展现状调研

　　注：纵坐标（Y轴）代表的是不同的挑战或问题类别，横坐标（X轴）代表的是这些问题所占的比重，以百分比表示。

　　资料来源：笠偲咨询《中国企业海外发展现状调研》。

四、中国企业在出海发展过程中组织运营方面的挑战

1. 自身的战略决断与行动反思之间的平衡

　　国际化发展战略相比其他业务战略需要面对更复杂的环境及更大的不确定性，因而导致推进过程中决策存在难度。海外布局从何处开始落脚？目标国如何选取，投资建厂还是并购，建厂选址及并购标的物选择需考虑哪些方面，这些都是决定战略执行成功与否的关键决策。同时，市场环境、国家政策瞬息万变，时机转瞬即逝，对决策效率要求更高。企业或被动或主动走上国际化发展道路时，平衡好谨慎决策与果断行动之间的关系是成功的关键要素。平衡是充满艺术的，这方面的操作要点即战略制定部门与执行落地部门要紧密、深度地配合，战略决策不能仅停留在书面分析及模拟推演上，很多方向决策的验证可以通过小范围的行动验证辅助，很多问题也是在实际推动过程中才会浮现的，通过行动复盘快速校准战略方

向，优化整体推动方案。

2. 跨国组织员工的身份认同

　　跨国公司通常需要面对的挑战是对外籍员工的管理，除了语言、工作方式、文化等方面差异较大，对于组织身份的认同是其根本原因。目标国员工是否真正认可公司业务的价值，是否能在一家"外企"中找到自我价值，作为组织成员是否有真正的身份认同，这些都决定着企业海外发展能否成功。从经济学的角度来看，组织身份认同的价值，这种认同无形中推动了员工将组织基本目标、价值与规范等身份标准被内化为自我理想目标与价值原则，进而影响其认知和感受。降低认知决策成本的同时提升员工的心里幸福感，从组织管理的角度来看，这种认同能降低员工激励与约束的效率，提高组织合作的效率。

　　在企业中，通过降低员工激励与约束的成本，可以有效地提高管理效率。根据社会心理学中的身份控制理论，个人的社会身份是他们在社会互动中认知和行为的重要基准，同时也是他们内心动力的源泉。当员工将企业的核心目标、价值观和行为规范内化为自己的身份标准时，他们对企业的忠诚和归属感会随之增强。

　　在这种情况下，员工会因为遵循企业身份标准而感受到正面的情感反馈，这种积极的情感体验能够激发他们的内心动力，促使他们自发地成为优秀的企业成员；相反，如果员工的行为与企业身份标准不符，他们会感受到负面的情感，这种情感会促使他们自我反省并调整行为，以达到心理平衡。

　　因此，企业身份的认同不仅能够提升员工的工作表现，还能减少企业在激励员工亲组织行为及监督和约束员工机会主义行为方面的成本。通过塑造一个既能适应外部环境又能吸引内部员工的理想企业身份，企业可以增强自身的竞争力和内部的团结力，从而实现更高效的管理。

同时，员工也需要投入时间和精力去理解和掌握企业的身份内涵，学习如何扮演好成员的角色，通过成为被企业接纳的一员，他们也能获得个人福利的提升。总之，通过共同的努力，企业和员工可以在相互认同的基础上实现共赢，推动企业的持续发展和员工个人的成长。

相较于常规的组织，在跨国背景的组织中要形成这种认同更具有挑战性，组织需要投入的资源包括在目标国甚至全球范围内的品牌形象的打造、企业文化的属地化落地、员工激励的全面对标设计，以及建立管理与沟通机制，从而帮助员工认知身份、胜任身份、认同身份。

3. 组织与机制的建立

海外投资并购及海外建厂面临的海外管理工作相对复杂，组织规划与设计及相关的管理机制设置对企业战略落地执行能力与综合管理能力有较大的挑战。在前期"拓荒"阶段及后期运营阶段，组织设计与工作机制设计的目的与侧重点是不同的，需要分别在不同阶段专题专项考虑。

前期阶段的侧重点根据出海方式的不同可能包含目标国的行业调研、市场调研、人力资源供给调研、选址评估、建厂管理、并购标的物考察、并购谈判与合规管理、并购前期整合等。这一阶段的组织规划与机制设计面临的难点是不确定性较大导致很难大规模投入人力与资金、工作职能繁杂、组织设计难以全面覆盖、工作流程难以明确、相关岗位的工作内容很难确定，更谈不上明确的岗位职责甚至没有相关的指导，所以无论是组织设计还是工作机制都需要相对灵活，这对相关人员的综合能力要求较高。

而在后期运营阶段，整体环境相对稳定成熟，侧重点需全方位考虑业务发展需要，同时综合考虑公司本部跨区域统筹管理需要。这一阶段主要面临的挑战是排兵布阵与管理授权，前期阶段，出于信任度的考虑，大多数出海企业在用人安排上以自有人员主导，外籍人员更多发挥专业咨询及辅助作用。在运营阶段进行组织及工作机制设计时，需深入考虑属地业务特点、人文环境及管理风格，同时给予一定的授权，理顺与总部的管控关系。涉及并购时还会面临更为复杂的深度整合挑战，从前述的中国企业出海现状分析可以看到海外并购的占比在逐年下降，结合过往的案例，涉及海外并购的投资成功率并不高，一部分企业对整合缺乏信心，不敢大动，对并购企业只是单纯的财务管控，与本部业务战略融合较浅，久而久之变成金融投资，也算不上成功的海外布局。

4. 核心竞争优势的打造

在全球化背景下的企业管理，本质依然是核心竞争力的打造与高效管理运营的加持。面对更广阔的销售市场、更丰富的原料供应与人才供应、更快节奏的供应链运转、更激烈的竞争，对企业核心竞争力的要求更高，不是散点式而是网状的综合能力。越来越多的优秀出海企业在专业赛道上快速占领市场，依靠的就是在海外市场快速发展起来的综合竞争力。

五、中国企业出海案例

1. TikTok

TikTok，由中国公司字节跳动推出，已经成为全球最受年轻人欢迎的短视频平台之一。凭借创新的个性化推荐算法和丰富多样的内容生态，TikTok在全球范围内取得了巨大成功。截至2019年，TikTok的全球激活用户已经超过13亿。

2020年，由于中美关系紧张，TikTok在美国市场的存续面临威胁。尽管如此，TikTok依然在全球范围内保持着强劲的增长势头。2020年第一季度，TikTok的全球下载量达到了3.11亿次，刷新了全球非游戏App下载量的历史纪录。

2.阿里巴巴集团

阿里巴巴集团既是中国最大的电子商务公司，也是全球最大的商业企业之一。阿里巴巴在全球范围内拥有庞大的供应链网络，更通过跨境电商平台"天猫国际""阿里巴巴国际站"，将中国企业和向往且已经愿意接触中国市场的国际买家进行对接。

阿里巴巴集团涵盖电商、云计算、数字媒体娱乐等多个业务板块，服务全球的消费者超过10亿。在全球范围内拥有超过2亿的活跃消费者。在新零售、新制造、新金融、新技术、新能源等领域的开拓和布局也正在加速进行中。

3.中兴通讯

中兴通讯是全球最大的电信设备和移动电话制造商之一，公司进入国际市场，凭借创新和技术优势，赢得了大量国外客户。中兴之所以能够成功拓展全球业务，重要的原因是其对高新技术研发的重视和投入，以及良好的品质和服务。

4.九阳

九阳是中国电器制造商，主要生产小家电。2014年，九阳在美国成立了子公司，打入了国外市场。九阳之所以能在海外市场取得成功，主要是因为其独特的快速烹饪技术，满足了消费者对于时尚、健康的需求，而且其产品价格合理，性价比高。

5.中车株洲电力机车有限公司

中车株洲电力机车有限公司是铁路工程设备制造商，作为中国铁路设备制造行业的龙头企业，逐步走向国际。其成功的主要原因是他们制造的产品具有高品质和竞争力，而且他们很早就开始探索海外市场，积累了足够的经验和资源。

中国企业全球化发展一直在探索的路上，有成功也有失败，其中的经验教训各有不同，失败的教训容易规避，但在发展过程中不同企业又会遇到不同的挑战。成功的经验却难以提炼和复制，一方面，很多企业成功后并不清楚哪一个关键步骤带来了全局的成功；另一方面，汝之蜜糖彼之砒霜，似乎出海发展的成功经验难以复制。最后很多人将这种难得的成功总结为时运。不可否认重大的战略实现离不开天时、地利、人和，时机难以复制，但如何夯实基础，在时机来临时提高抓住时机的"概率"，在作战略规划与落地时应考虑哪些方面，应该从哪些关键点入手，具体的实操可能面临怎样的挑战，这些成功经验的提炼对后来者仍有启发意义。

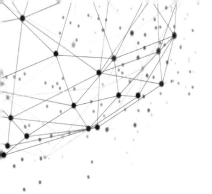

第三章

全球化发展组织能力建设与人力资源管理

　　成立于1998年的万华化学是一家化工制造企业，2001年1月在上交所主板上市，是中国化工行业唯一一家在近千亿元的市场中占据寡头垄断地位且长期保持稳定丰厚利润的企业。上市二十余年来，其营收和净利润涨幅均超百倍。万华化学作为中国化工行业的龙头企业，有着"中国巴斯夫""化工界的华为"之称。

　　2023年，万华化学营业总收入为1753.61亿元，同比增长5.92%。2024年上半年，万华化学实现营业收入970.67亿元，同比增长10.77%。

　　高速发展及亮眼的盈利能力来自万华化学的核心竞争力之一，即对二苯基甲烷二异氰酸酯（MDI）的生产技术垄断。作为唯一掌握MDI技术的中国企业，万华化学产能超越了德国、美国、日本三大巨头，位居全球第一，从而转变了全球产业的竞争格局。自2018年习近平总书记视察万华化学后，介绍其发展历程的相关文章报道很多。万华化学不仅是国有企业改革后，充分激发市场活力，快速发展为具备全球竞争力的国企标杆，也是中国企业走出去全球化发展少有的成功案例。

　　随着共建"一带一路"倡议的不断深入，中国企业走出去成为大势所趋。无论是海外并购、海外绿地投资建设还是海外市场销售布局，中国企业的国际化发展大多是业务驱动、业务先行，但"重业务、轻管理"的策略很难带来国际化的成功。甚至由于关税、反倾销等原因，很多企业被动走出去，来不及提前做好国际化的组织能力建设。我们看到很多企业并购的外国企业，迟迟不能整合，管理插不上手，或者无法很好地解决文化冲突，担心一整就乱，只能做个财务投资者；一厢情愿地用中国的管理方式管理海外业务，屡屡触碰合规性红线；解决不了本地化的人力资源就大量使用外派人员，而在外派管理上又缺乏系统性，选拔出的人员不具备国际化能力、管理缺失导致的外派失败、回任难导致国际化人才流失。诸如此类的问题使中国企业在走出去的过程中时常面临被动局面，反过来势必影响海外业务的正常开展。

解决国际化和本土化的人才管理问题，首先要正视和重视问题。在此，我们通过整理万华化学全球发展的历程，重点谈一下其全球化发展的关键成功要素：国际化的组织能力建设和人力资源管理，并尝试总结值得海外发展的中国企业借鉴的组织人才发展路径。

一、万华化学全球化的业务背景——为什么要全球化

前文提到，中国企业走出去的驱动因素常见的有市场、技术、政策（反倾销等）、人才等，万华化学主营业务MDI属于全世界只有五个国家八家公司可以生产的寡头垄断行业，其全球化发展的主要驱动因素为市场、竞争对手、物流等。

①化工是全球化行业，MDI市场虽是寡头垄断市场，但也属于全球化市场的大宗原料，主要市场在欧、美、亚。

②考虑物流（需冷冻、成本）因素，这三大市场相对独立，区域内贸易是主流，跨区贸易仅占1/3。这就意味着仅靠中国制造海外销售很难成为欧美市场的主流供应商。

③欧美主要竞争对手均已完成全球销售和制造基地的布局。万华化学作为中国唯——家MDI制造商，仅在中国市场占有优势地位。

④如果万华化学的影响力仅在中国或亚太地区，无法在一个寡头垄断市场中对其他竞争对手实现战略制约，在进入欧美市场中容易受到反倾

销、汇率等各种政策因素的打压。

二、万华化学全球化发展的原则

万华化学全球化发展的原则有以下五条：

①高管层的视野、思维和战略制定必须全球化。时任董事长56岁开始零基础学英语即为例证。

②全球人力资源规划必须国际化与本地化并重。在使用目标国本土员工的同时，也要加强中方外派人员的培养和使用，这将在后文具体讨论。

③各业务单元衡量标准必须具有全球竞争力。目前，万华化学MDI的产能和销量已做到世界第一，生产、安全、工程、供应链等相关职能也要对标世界一流。

④海外并购优先于绿地投资。并购可以减少竞争对手，避免新增产能的市场挤出效应，也不会招致寡头竞争对手的激烈反对。但以目前万华化学的体量，同行业内并购已很难避免欧美反垄断法的限制。

⑤市场铺垫先于制造能力建设。这点本不难理解，但万华化学在国内的发展并不完全遵循这一原则，主要是因为中国市场的需求增长是显而易见的，考虑化工装置的建设周期长，如果完全等市场需求增加再去建设往往会错过市场机会，所以在国内要敢于先扩大产能。但在欧美成熟市场，没有市场的保障，这样重资本投入的风险是可想而知的。

三、万华化学"走出去"发展的历史

2002年，万华化学制定了3I国际化战略，即按照国际标准（International Standard）、实现国际化运营（International Operation）、具备国际竞争力（International Competitiveness），万华化学为了拓展全球市场，陆续在欧洲、中东、俄罗斯和美国成立了销售子公司，以此构建起一个全球性的销售网络。2005年，万华化学启动了对俄罗斯、中东和欧洲地区的考察，以选择适合的厂址。随后，2006年和2008年，万华化学分别决定不在俄罗斯和中东地区设立工厂。经过一系列的筛选，最终将目光聚焦在荷兰和比利时，并在荷兰的一块土地支付了订金。在全球金融危机爆发的2009年至2011年，万华化学抓住了市场的新机遇，采取了收购和兼并的战略。在这一时期，万华化学果断行动，于2011年1月成功收购了匈牙利的BC公司，进一步扩大了其业务范围和市场影响力。

整个收购过程是惊心动魄的。2007年，就在万华化学决定在欧美、中东建厂时，美国次贷危机突然降临。2008年5月，全球第八大聚氨酯企业匈牙利的BC公司资金链条断裂。万华化学的全球化布局终于迎来关键发展机遇，一个打入欧洲市场的绝佳机会。

并购初期，BC公司并没有太多合作意愿，2009年9月15日，时任万华董事长一行经过十多个小时的漫长飞行赶到法兰克福，但双方第一次的会面，BC公司大股东仅给了万华一行5分钟的时间。当晚，万华团队就联系了几家银行争取了二十多亿欧元的贷款承诺。

在获得一定的资金保障后，万华化学果断大量购买BC公司夹层债，一周内持债券的比例增加到67%，这一举动引起了匈牙利政府及BC公司的重点关注。BC公司更是主动联系万华团队，双方继续进行之前只有五分钟的商谈。

最终，万华化学对BC公司的收购耗资12.6亿元，此次收购一年后，万华化学的股权比例由36%提高到96%。在欧洲完成的这桩收购案对万华具有非凡的意义。纵观万华发展史，这也是万华全球化发展决定性的一步，对MDI产业整体竞争格局产生了冲击，至此，万华化学MDI产能进入全球前三。

这起收购案最初的出发点较为明确，即通过在海外并购相对成熟的同行业企业，快速实现生产布局的全球化，这意味着通过单纯的绿地投资或资本投资都难以实现。而对于并购后的企业，对其生产及管理的优化及双方的融合是决定并购效果的关键。所以万华化学对收购的整合工作是高度重视的，整体工作由时任董事长亲自挂帅，在与匈牙利当地员工的沟通中也体现了万华化学对BC公司及当地文化的尊重，以及共同发展的诚意与决心。在第一次员工大会上，时任董事长详细列举17个获得诺贝尔奖的匈牙利人，引发匈牙利员工二十次的掌声，为后期整合工作打下良好基础。

万华化学对匈牙利BC公司的这起收购案，被《国际金融评论》评为"2010年度欧洲、中东、非洲地区最佳重组交易奖"。之后，万华化学一跃成为全球最具竞争力的MDI制造商，欧洲最大的TDI供应商。到2014年第二阶段结束，万华化学的MDI产能增长了2.6倍，从50万吨增长到了180万吨，收入增长了2.4倍，收入七年复合增速为27.74%。

2013年12月正式启动美国制造基地选址项目。历经三年，2014年成功实现对BC公司的全方位整合，扭亏为盈。2017年，美国研发中心投入使用。

回顾万华化学的发展及全球扩张之路，技术研发与管理提升并重，兼顾产线优化与全球战略布局，四个关键举措助力万华化学的大发展。第一是其能突破技术壁垒，打破国外垄断；第二是通过技改、自建与一体化，抢占产能，降低成本；第三是扩展产品线，石化、材料产业链齐发展；第四是通过并购，跃居世界第一。

基于产品线相对聚焦，而聚氨酯产品的价格周期性波动大，万华化学从2003年开始考虑通过石化相关多元化布局应对这种单一产品且周期性波动的风险。2011年万华化学开展建设异氰酸酯一体化及环氧丙烷/丙烯酸酯两大项目，2017年投资117亿元建设100万吨/年乙烯项目，配套聚烯烃产业，对标国际巨头陶氏化学和巴斯夫，进一步整合石化产业链，转型为多元化化工企业。

以全球化为重要发展战略，万华化学经过多年的深耕形成自身的核心竞争力：

第一，万华化学在化工原料和精细化学品的创新、制造与销售方面拥有显著的规模优势，尤其在聚氨酯、石化产品和精细化学品的生产制造上表现出色。公司在MDI和ADI等少数企业主导的市场中占据了领先地位，其MDI的年产量在行业中排名第一，并且能够迅速响应市场的需求变化，进行产能的扩张。这一点非常关键，在全球MDI市场中，供应波动较大，而万华化学凭借其庞大的生产能力，能够及时满足下游市场的紧急需求。此外，公司通过跨区域的生产布局，扩大了销售范围和品牌影响力，这有助于缓解不同地区供需变化带来的潜在风险。

第二，万华化学通过整合上下游产业链，实现了从基础化工原料到高端化工产品的全产业链覆盖。以异氰酸酯配套设施为例，依托完整产业链配套，横向拓展HDI、IPDI、HMDI等高端ADI产品。工艺技术方面，公司依托MDI/TDI多年生产经验与完善的产业链配套，各工序均得到较高品质保障，且实现了部分关键设备自主研发，催化剂体系改良，最终ADI系列产品收率与品质均位于世界领先水平。

这种规模化的产业链整合战略，确保了生产过程中原料供应的稳定性，减少了对外部原料的依赖，同时减小了原材料价格波动对企业运营的负面影响。此外，万华化学在产业链中的关键原料和中间体上不仅可以供应给外部市场，还可以自给自足，用于内部其他业务板块的高附加值产品加工，从而提高了公司在面对产能过剩风险时的应对能力。

除了自身产品线的拓展，近年来万华化学持续加强与上下游企业的深度交流合作，加强对整个产业链的赋能，包括与中国化学、中控技术、大华股份、恒逸集团、阿布扎比国家石油、三棵树、东方雨虹等在聚氨酯、石化、新材料、信息化等生产经营各个方面展开合作。通过企业间的合作，共同在技术创新、工艺开发、产品销售、原料采购、管理优化等方面提升，带动上下游整个产业链的提升与发展。

第三，万华化学的研发创新能力是其成为全球领先的化工新材料公司的关键因素。万华化学累计申请国内外发明专利6400余件，获得国家科技进步一等奖等国家科技奖励7次。其中，"年产20万吨大规模MDI生产技术开发及产业化"获得2007年度国家科技进步一等奖，"万华科技创新系统工程"获2010年度国家科技进步二等奖。

创新成果源自创新型人才及内部管理机制。万华化学拥有科研人员约4000余名，其中210余人拥有博士学位，2500余人拥有硕士学位。公司各类高层次技术人才约150余人，其中40余人拥有"杰出专业技术人才"、"全国劳动模范"等荣誉称号和中国青年科技奖、求是杰出青年科技成果转化奖等荣誉奖励。

目前，万华化学已经成为集基础研究、工艺开发、工程化和产品应用开发于一体的创新型公司，其专业研发机构主要包括万华化学集团全球研发中心、高性能材料研究院、聚氨酯应用研究院、化工设计院、北美技术中心、欧洲古德勒技术中心等。另外，万华化学已建成了包括国家聚氨酯工程技术研究中心、聚合物表面材料制备技术国家工程实验室等。

万华化学2023年研发投入40.8亿元，累计五年科研投入达到144.1亿元。持续高强度的研发投入已成为万华化学经营业绩快速稳步增长的核心推动力之一。

四是核心技术优势。相较于欧洲、美国、日本、韩国等发达国家或地区，我国聚氨酯行业起步较晚，面对MDI、ADI等异氰酸酯产品较高的核心技术壁垒，万华化学不仅成功打破国外的技术垄断格局，还在掌握自主知识产权的基础上不断进行技术优化创新，实现了产业规模的快速发展。

五是人才及管理优势。万华化学的管理团队经验丰富，在化工行业深耕多年，对国内外化工行业的发展和变革有着较为深刻的理解。通过外部引进和内部培养的方式，公司不断充实研发、采购、生产、销售、管理等多方面中高级人才队伍，完善薪酬激励体系，健全人才队伍培养机制。

在内部培养方面，万华化学成立了万华大学，聚焦领导力、专业化、职业化培养，围绕领导力、生产、职能、新员工入职、通用技能等搭建培训课程体系。为员工提供清晰的晋升通道，鼓励员工提升技能和能力，并为员工提供广阔的职业发展空间。

除拓展研发人员团队外，公司还通过积极引入海内外高层次创新人才，在全球化的发展趋势下不断加强企业对前沿技术的判断和把握，加深对全球化工行业发展趋势的理解，为其未来的可持续、全球化发展打下坚实的基础。

六是客户资源优势。万华化学的产能规模优势让其积累了分布在全球范围内的优质客户资源。2018年，其被全球领先的涂料工业集团Axalta Coatings System评选为"年度优秀供应商"，双方的合作始于2013年，目前合作范围已延伸至包括MDI、HDI及环保树脂在内的多种涂料原材料产品，合作区域遍布全球。

对于万华化学所处的全球寡头垄断行业，国际化发展是必然之路。国内业务的蓬勃发展为国际化发展打下根基，而在组织能力准备度上，万华化学也是业务先行，同步建设国际化组织能力。

四、全球化发展组织能力建设和人力资源管理的机构与职能

在海外业务开拓过程中，业务发展和组织能力建设是并行的。组织能力建设中运营能力与人力资源管理又是核心的两条主线。在实操过程中，建议以一条主线为主导，同步提升组织能力建设。我们以人力资源管理为例，结合实操经验，分析如何在传统人力资源职能的基础上，穿插运营相关工作，延伸覆盖组织的整体能力提升。

1.海外HR人员的工作职责与角色

（1）职责

海外HR人员在企业出海过程中的主要职责除传统的人力资源管理职能外，因为海外管理的特殊性，还有一些"特殊"职能，包括海外人员招聘、外籍员工管理、外派人员管理、国际化人才培养、海外收购整合等。

（2）角色

基于上述管理职能，海外HR人员要承担多种角色。首先，海外业务的发展对企业来说是一场复杂性较高的战略变革，人力资源管理作为关键主线，人力资源管理人员必然承担变革推动者的角色。其次，作为各个职能的关键协调人，内外部的沟通桥梁是海外HR的重要角色之一，包括海外与国内的沟通协调，海外各职能的内部协调，有时还会涉及与公司外部的协调沟通。最后，人力资源管理人员扮演文化"使者"的角色。文化"使者"是相对模糊的一个角色，类似于传统意义上的企业文化，但是其文化传播职能难以明确具体职责与工作内容，更多的是强调一种意识，在推进各项工作的过程中将母公司的核心文化与价值观更好地融入工作标准和沟通中。内外沟通桥梁、变革推动者、文化"使者"这三个角色定位都是基于单一的明确职能。总的来说，海外人力资源管理人员的职能需要兼

顾"管理"与"服务"。

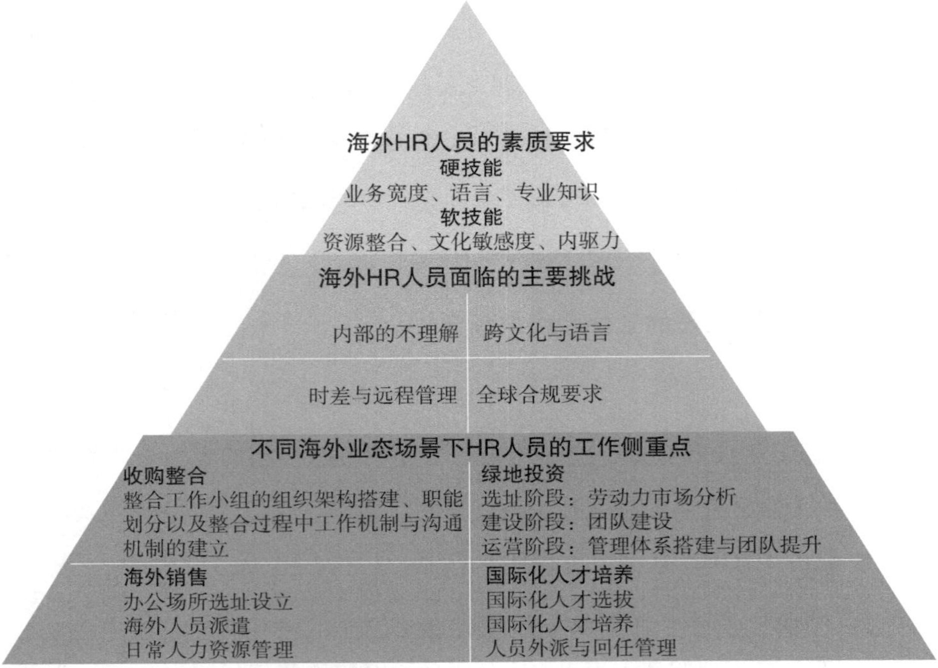

图 3-1　海外 HR 人员角色与挑战：素质要求、主要挑战及工作侧重点

资料来源：作者创作。

2.海外 HR 人员面临的主要挑战

海外推行管理工作的复杂性让很多人力资源管理从业者产生畏难情绪，尤其是很多企业在国内时人力资源部门一直作为业务的支持辅助部门，当环境转换到海外时，在整个组织运营能力提升过程中，很多管理工作由人力资源部门主导，在这个过程又会遇到什么挑战。我们结合实操经验具体梳理以下四个方面内容。

（1）内部的不理解

内部的不理解可能来自两个方面，一是很多人不理解企业出海发展的意义，尤其是在开拓的前期，出海业务并未给企业带来可观的营收，甚至会有人不认可出海战略。二是部分管理层和员工可能并不了解或认识人力资源管理在国际化发展过程中的重要性，他们可能对人力资源部门所承担的新任务和职责产生怀疑。内部的不理解会导致人力资源管理者在内部推进工作或协调资源时，相关人员配合度不高。人力资源管理者需要促进和建立内外部利益相关者的理解和沟通，以确保人力资源战略与企业整体战略相契合。公司层面也应该加强内部的意识统一。

（2）跨文化与语言

在企业出海发展过程中，人力资源管理涉及与不同国家、地区的员工和合作伙伴进行跨文化交流。此外，语言障碍可能导致沟通与协作方面的挑战。一方面，人力资源管理者需要加强语言方面的学习，这是没有捷径的，同时加强跨文化沟通的意识；另一方面，也需要为员工提供文化和语言方面的辅导和培训，以加强沟通效果和文化融合。

（3）时差与远程管理

在全球化的环境下，团队成员可能跨越不同的时区进行工作，这可能会在沟通和协作方面给海外的人力资源管理工作者带来挑战，如由于时差会带来沟通的滞后或者由于难以协调则需要在对方下班的时间进行沟通，这些虽然都是细节问题但需要双方的互相理解，加上远程的因素，日积月累会使沟通变得更具有挑战性。人力资源管理者需要合理安排工作时间和制定弹性工作制度，还有一个关键点是利用适当的沟通方式和技术手段（什么情况下视频、什么情况下音频、采用什么样的工具），以促进远程团队的协作和高效沟通。

（4）全球合规要求

不同国家和地区有各自不同的就业法规和劳工条例，人力资源管理者需要了解并遵守这些法规和条例，确保企业在海外的雇佣和劳动关系符合当地的法律法规和全球合规标准，同时也要注意国内对海外公司的相关管理法规。

3. 海外HR人员的素质要求

面对全新的职能角色定位和新的挑战，海外人力资源管理人员需要具备一系列对应的硬技能和软技能，以适应海外复杂多变的环境，促进推动业务的成功开展。

（1）硬技能：业务宽度、语言、专业知识

硬技能方面，海外人力资源管理人员需要具备宽泛的业务广度，核心包括两个方面，一是对公司业务战略的理解，二是对公司各个职能及整体运营情况的理解。细节方面包括对目标市场复杂的商业环境有深入的理解和适应，同时需了解并遵守当地法规、劳动法律及行业惯例。

此外，精通当地语言也是重要的硬技能，对于小语种地区也至少应掌握英语，相较于通过翻译进行沟通，直接沟通能够有效建立关系并理解当地风俗文化和社会行为规范，对于与当地员工、政府管理部门和商业合作伙伴进行有效交流至关重要。

虽然在海外，专业知识同样是关键，全面了解人力资源管理的技术方面（如招聘、绩效评估和劳资关系）同样是重要的，以确保业务运作顺利进行并符合当地法律法规。

（2）软技能：资源整合、文化敏感度、内驱力

在软技能方面，资源整合能力非常关键，尤其是在利用并整合本地和

全球资源方面。这需要人力资源管理人员积极建立网络、利用专业知识，并与多方开展有效合作，以提高人力资源管理的有效性。此外，文化敏感度也是非常重要的软技能，海外人力资源管理人员必须对不同文化间微妙的差异有着深入的理解和敏感度。其包括拥有同理心、开放心态以及在组织内部导航并弥合文化差距的能力。这种文化敏感度在促进团队合作和构建跨文化工作环境方面发挥着至关重要的作用。最后，最为关键的是内驱力，内驱力难以培养，选拔与发掘更为重要，海外人力资源管理人员需要具备高度的行动力和决心，以应对在国外环境中运营的各类挑战，还包括适应性、韧性和积极解决问题的态度，使他们能够有效地应对并克服所面临的挑战。

4.不同海外业态场景下HR人员的工作侧重点

（1）收购整合（OD、整合）

海外并购之后也面临一系列的重组、整合及实现稳定盈利等问题。收购后的整合重组是必要的，整合程度会根据双方业态及整体战略规划各有不同。对于需要进行收购后整合的企业来说，整合的全面性决定了整合的效果。

这个业态场景下HR人员的工作侧重点主要在整合工作小组的组织架构搭建、职能划分，以及整合过程中工作机制与沟通机制的建立。

（2）绿地投资（选址、建设、运营）

相较于并购整合，绿地投资是一个从无到有搭建的过程，在这个过程中人力资源工作重点如下。

①选址阶段：劳动力市场分析。项目选址需结合自身特点，多层面综合比较。例如，轮胎制造型企业作为资金密集、技术密集、人才密集型产

业，行业及地区的人力资源可获得性、人员素质及稳定性、人力资源流动性及发展趋势等对企业的成本控制与持续发展起到关键性作用。因此，对新址备选城市的相关人力资源调研是选址的决定性依据之一。

②建设阶段：团队建设。首先是基于雇主品牌建设的人才招聘工作，在此基础上持续地打造组织，包括组织架构、岗位职责、业务流程、管控关系等。

③运营阶段：管理体系搭建与团队提升。核心是薪酬福利体系搭建与完善，以及在此基础上持续的团队能力提升，包括跨文化培训与员工专业技能培训。

（3）海外销售（选址设立、人员派遣、HR管理）

单纯的海外销售阶段，管理工作要求相对灵活，基础工作包括选址设立，海外人力资源管理者应通过全面的市场调研和分析，帮助企业选择最适合业务发展的地点。需要熟悉当地的法律法规、税务政策、人力资源环境，以及劳动力市场状况，全面评估各个潜在选址的优、劣势。选址确定后，下一步就是向海外派遣人员，海外人力资源管理者负责规划和组织海外人员的派遣工作。需要了解当地的签证制度、劳动法律法规，制定派遣政策，并协助员工解决工作和生活中的各种问题。同时，还需要和总部的人力资源团队密切合作，确保人员派遣的合规性及整个过程的顺利推进。

另外，基础的HR管理仍是关键，在海外市场开拓中，需要建立和维护当地团队，包括招聘、培训、绩效管理、员工关系等方面的工作。同时，他们还要负责公司文化的传播和融合，协助解决员工的各种问题，保障员工的工作积极性和稳定性，以推动公司在海外市场的长远发展。

（4）国际化人才培养（选育用回）

国际化人才培养方面是所有海外发展形式的基础，海外人力资源管理人员主要围绕选育用回（选人、育才、用人和回任）等方面开展工作。在全球范围内寻找和选拔具有跨文化素养和国际化视野的人才，为企业的国际化发展提供人力保障。海外人力资源管理人员需要制定有效的选拔标准和流程，帮助企业发现和吸引具有全球视野的高级管理人员和专业人才。与业务部门密切合作，了解业务需求，为海外团队同事提供专业的培训和发展计划，同时促进人才在跨国公司各地之间的流动和交流，为公司的国际化战略提供有力支持。

5.在人力资源部下成立专门的组织，专门负责海外人力资源管理

这个组织的主要职责是海外并购整合的相关业务、海外绿地投资建厂的相关业务、外派人员管理、外籍员工管理、面向未来支撑国际化业务的国际化人才培养项目。

后文也将按照上述业务分别具体展开说明，其中第四章介绍海外并购整合，第五章讲述国际化人才培养项目，第六章介绍外派人员管理，第七章介绍外籍员工管理（包括并购、绿地建设和在国内工作的外籍员工），第八章介绍所有工作中都会涉及的跨文化管理。

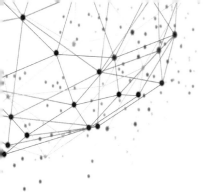

第四章

海外并购与整合

一、万华化学收购整合成功的关键因素

图4-1

1897—1904年	1916—1929年	1965—1969年	1981—1989年	1992—2000年
·横向并购	·纵向并购	·混合并购	·杠杆并购	·跨国并购、新技术并购
即同一个行业内的不同企业彼此并购。典型的案例是J.P.摩根特创建的美国钢铁公司，收购了700多家竞争对手，最后形成了美国钢铁集团。此外，这一阶段诞生的产业巨擘还包括标准石油、通用电气、美国烟草公司等。金属、食品、石化产品、化工、交通设备、金属制品、机械、煤炭8个行业并购最活跃。	即统一产业内的上下游企业之间的并购。比如，美国福特汽车公司通过大规模并购活动，形成了一个庞大的联合体，包括焦炭、生铁、钢树、铸件、锻造、汽车零部件等有关汽车制造的无所不包的生产统一体，还有完整的运输体系，全国销售网。公用事业、采矿业、银行和制造业并购活跃。	企业进行跨行业、跨产品并购，走上产品多元化发展道路。国际电报电话公司的业务原本是电话、电报以及通信设备，经过一系列并购，它又控制了谢拉顿旅馆公司、艾维斯汽车租赁公司、鲍勃一梅里尔出版公司和莱维特父子公司（房地产）。	并购过程中通常会使用杠杆融资。并购的目的是短平快的资产重组、资本运作。KKR公司这样的金融买家（专门从事金融买卖的机构和个人）是第四次并购浪潮中的重要力量。买家不想长期经营，而是通过迅速分离公司业务，并迅速地重构业务，以备出售。敌意收购最活跃的领域是石油、石化、石药和医疗设备、航空和银行业。	这次并购浪潮的特点包括跨国并购、新技术并购。AOL收购时代华纳，盈动数码收购香港电讯。此外，思科公司为了获得知识性资产和新一代产品，并购了近70家"身怀绝技"的中小型高科技企业，从而使自己得到了空前的提高。电信、金融、汽车、医药、传媒及互联网行业，新兴行业与传统行业的融合也是本轮并购的亮点之一。
1）联邦反托拉斯法执行不力。2）公司法逐渐放宽。3）美国交通运输系统的大力发展，全国市场初成。	1）1918年第一次世界大战结束一直到1920年的经济持续增长。2）交通运输的快速发展和广告的普及成为重要催化剂。	1）管理学科得到了巨大的发展，商学院迅速扩张。2）20世纪60年代是美国反托拉斯、反垄断最严厉的时期，这使横向与纵向并购的数量受到了极大的限制。·	投资银行的大力推动导致杠杆并购数量迅速飙升。公司并购给投资银行带来巨额的风险咨询费，投资银行和律师事务所的并购专家们设计出许多主动并购或防御并购的创新技术和策略。	1）此次并购潮主角不局限于仅为规模扩张而并购，并购动机更加多元化。2）其他动机还包括新市场的寻求，提高市场进入效率和控制力、增强协同效应、融资便利等。基于对战略资源掌控和全球创新能力整合的目标成为跨国并购的主要动因。

图4-1 并购浪潮历史演变与跨行业创新融合

并购作为世界经济发展过程中的重要手段，在推动世界经济变革的过程中，发挥了推动产业集中、助力产业优化的作用。在不同的经济发展阶段，并购也出现不同的特点。

改革开放以来，随着我国企业产业化发展，并购也成为企业发展过程中的一个关键课题。当前，我国处于工业时代、信息时代、智能时代多个阶段特征并存的发展时期。关于并购的发展也将展现自身特征。

中国企业在海外实施并购后进行整合，有利于实现战略协同，弥补和

完善企业的多元化布局，提高运营效率和管理水平，优化财务结构和资本布局，以及形成统一的企业文化和品牌形象。因此，整合是海外并购后不可或缺的重要环节，对企业的发展和战略布局具有重要的意义。

在海外并购后，尤其是同行业内的横向并购，母公司和子公司之间可能存在重叠的业务、资源和人才。首先，进行整合可以消除重复、优化资源配置、避免资源的浪费和分散。通过整合，企业可以实现战略协同，整合各个业务板块的资源，形成产业协同效应，提升整体竞争力，实现规模效应和成本优势。其次，进行整合有助于弥补和完善企业的多元化布局。在海外并购中，中国企业往往会面临来自不同国家和地区、不同文化背景的企业，进行整合可以使企业更好地整合各个子公司、业务和资源，打破区域之间的壁垒，形成多元化的经营格局，从而实现全球资源的优化配置和战略布局的完善。再次，进行整合有助于提高企业在海外市场的整体运营效率和管理水平。通过整合，中国企业可以整合各地的管理团队和员工，统一管理体系和标准流程，形成规范化的管理模式，提高整体运营效率和管理水平，降低运营成本，增强协同合作能力，进而提升企业在当地市场的竞争力和影响力。最后，进行整合有助于优化企业的财务结构和资本布局。在海外并购后，企业往往需要面对复杂的财务结构和资本布局，通过整合，可以优化企业的资本结构，实现财务资源的有效整合和优化配置，提高财务效益，加强资金的流动性，降低资金成本，提升企业的财务稳健性和盈利能力。从企业全球化运营能力提升方面，整合有助于形成统一的企业文化和品牌形象。在海外并购后，不同企业可能存在文化差异和品牌定位的不一致，通过整合，中国企业可以推动文化融合，树立统一的企业文化和品牌形象，使员工和客户对企业的认知一致，形成统一的市场形象，从而提升品牌价值和市场影响力。

并购后的整合除了对母公司具备战略意义，对母公司和被并购方也有切实的价值。整合的过程需要精心规划和有效执行，以确保顺利实施。整合过程可以简单概括为建平台、建抓手、体系整合优化三大步，具体主要包括成立整合小组、绩效管理体系完善、组织诊断、薪酬体系调整、人才盘点与人才发展规划等步骤。

第一，成立整合小组。在海外并购后，为了确保整合工作能够顺利进行，企业需要成立跨部门的整合小组，由双方具有丰富经验和专业知识的管理人员组成。整合小组负责制订整合计划、协调各部门资源，负责整个整合过程的规划和执行，并及时解决突发的问题。合适的整合小组成员结构和良好的领导能力是整合成功的关键。

第二，绩效管理体系完善。被并购公司原有的绩效管理体系可能与中国的标准存在差异。整合后，需要对被并购公司的绩效管理体系进行诊断和调整，确保符合母公司的整合需求和文化价值观。此外，整合过程中

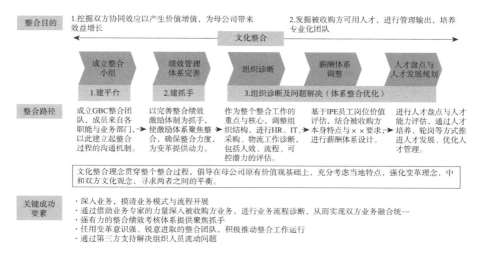

图4-2 企业并购后整合策略：文化融合与绩效体系构建

资料来源：作者创作。

也需要对绩效考核指标进行重新设计，确保与整合后的企业战略和目标相适应。

第三，组织诊断。在整合过程中，进行组织诊断是至关重要的一步。通过诊断分析，可以全面了解被并购公司的组织结构、员工素质、管理水平、文化氛围等情况，为后续的整合工作提供强有力的数据支持。这也可以帮助决策者更准确地规划整合的方向和目标，并制定相应的整合策略和措施。

第四，薪酬体系调整。薪酬体系调整也是整合过程中的关键步骤。薪酬体系是企业人力资源管理中的重要方面，海外并购后，需要对被并购公司的薪酬体系进行评估和调整，使其与母公司的薪酬体系相适应，以确保员工的激励机制和薪酬福利体系。需要注意的是，调整薪酬体系时要考虑本土法规、税收政策等方面的限制和要求。

第五，人才盘点与人才发展规划。在整合的后期建议结合前期的绩效考核及工作观察，对公司整体进行人才盘点与人才发展规划，企业需要对被并购公司的人才进行详细的综合评估，确定核心人才、潜力人才和一般员工，并采取相应措施，如人才培训、激励计划等，以激发员工的工作热情和创造力，加速人才的融合发展。

在实施整合步骤时，需要特别重视跨文化融合和沟通。在海外并购后，不同文化背景的企业员工可能面临沟通和理解的障碍，为了减少文化摩擦，需要开展相关的文化培训和交流活动，帮助员工互相理解和融合，促进企业文化的融合和创新。

通过有效的整合措施，企业可以更好地整合被并购企业的资源、人才和文化，实现双方的共赢，并提高全球布局的效率和市场竞争力。

海外并购整合是万华化学国际化进程中最为浓墨重彩的一笔，相较于并购过程中的步步为营、刀光剑影，收购后的整合更能彰显企业的综合能力。通过整合过程中的全方位管理优化、协同效应挖掘，不仅实现了BC公司的扭亏为盈，还实现了从企业文化到管理体系的深度整合。

作为少有的中国企业海外并购真正整合成功的案例，万华化学收购整合成功的关键因素可总结为以下两点。

第一，万华化学的全球化战略布局：前期的国际化布局为万华化学真正走出去建立了坚实的基础。

首先，基于化工行业的全球化特点，欧、美、亚三大市场相对独立，以区域内贸易为主；行业内寡头均实现了全球化销售与三大市场的生产基地布局；万华化学只有走出去才能反制寡头垄断，实现持续盈利。

其次，全球化战略是万华化学重要的发展战略之一，自2005年起万华化学开始启动海外投资项目，随之配套的是内部各业务单元的全球化竞争力培养计划与发展目标，包括生产能效全球化、市场销售全球化、人力资源配置全球化。

第二，全方位整合：综观海外并购整合成功案例，我们可以看出它们有以下三点共同特征。一是收购的彻底性。即对被并购企业不光有股份上的绝对主导权，还有实际管理的绝对控制权。二是整合的全面性。技术整合、管理输出、文化认同不可偏废。三是融入的长期性。收购整合是一个有宏观、有细节的工作，既要有战略的果断，也要有细节上的耐心。整合成果一般要三年甚至五年以上才能显现。

首先，领导力保障。公司内部提出国际化战略并不是一句口号，通过氛围营造及资源配置的倾斜，将国际化战略落到实处。

一是前期通过不断的国际化战略宣贯在内部形成国际化氛围，逐步使全员在意识上达成共识。二是整合阶段由董事长亲自挂帅，成立整合项目组，国内核心管理层与骨干员工参与项目整合，确保有形资源和隐形资源的倾斜。

其次，整合机制建设。整合工作错综复杂，千头万绪，整合项目组工作节奏及汇报机制需明确高效。

再次，综合绩效管理。绩效管理是公司战略贯彻落地的有效抓手，无论是整合工作本身还是后期的工作开展，有效的绩效管理是关键。

最后，组织诊断与管理体系统一。技术、管理、文化的全方位输出。

一是组织诊断。由于收购环节的特殊原因，无法进行全面、深入的尽职调查，整合前期需通过组织诊断对BC公司现状进行深入了解。二是管理体系统一。根据组织诊断的现状与问题，在提出优化方案的同时，将万华化学国内的管理优势应用到BC公司的管理体系中。

二、收购后整合步骤

收购后的整合涉及生产、销售、管理，千头万绪，环环紧扣，且试错成本高，整合一定是作为专项工作进行统筹规划，明确目标、建立项目管理机制、建立抓手、明确推进节奏及具体工作内容，高效整合。整合项目步骤分为以下四部分。

1.明确整合目标与战略

整合目标决定了后期开展工作的具体内容及工作节奏，不同企业的整合路径不尽相同。

首先，以降本增效为抓手，通过对BC公司的管理优化（包括资金成本优化、精益管理、人均效能提升、采购协同效应等举措），扭亏为盈，实现BC公司的持续盈利能力。

其次，通过有效的整合实现协同效应，推动万华化学的全球化布局。一方面有效制衡行业寡头在国内的进一步扩张，实现万华化学的持续盈利；另一方面通过BC公司拥有的TDI技术产权，推动万华化学的TDI技术研发与应用。

最后，在整合过程中，通过实践建设、沉淀万华化学的国际化组织能力及国际化人才培养体系，为万华化学的国际化战略落地夯实基础。

2.建平台——成立整合平台

首先，功能整合。此阶段是对子公司（BC公司，下同）的部门职能进行了解、翻译并转换成母公司语言，对标母公司，达成母子公司功能上的协调一致，指令能够顺利翻译并传递到子公司。

其次，成立一个统一的GBC（Global Business Coordination）小组，专门负责母公司和子公司之间的职能协调。母、子公司各部门的职能都进行了精确翻译，通过GBC小组进行对接和交换。GBC小组负责人由董事长亲自挂帅，母、子公司各部门负责人为小组成员。

①成立GBC的目的：培育并保持国际化企业核心竞争力，即国际整合能力；培养两地具有国际化视野和跨国工作能力的一流国际化团队。

②成立GBC的意义：挖掘提炼双方的协同效应；积累国际化运营知识，有效实现知识管理；加强融合与互信网络搭建，融合过程中为各部门提供支持。

③GBC架构与功能：GBC在组织架构上分为三层，分别为GBC指导委员会、GBC办公室、专业对口人团队及职能对口人团队。职能划分上指导委员会是中央决策机构，同时为GBC的相关活动提供支持。办公室是GBC具体开展项目的协调单位，协调资源及双方的沟

通。对口人团队是主要执行团队，负责发现各自领域、部门的主要发展趋势和先进做法；发现各自专业领域业务改进、提升的机会；团队参与，保证具体项目的高效实施；为如何高效支持业务全球开展探索道路；保持与GBC办公室积极沟通，争取所需支持和资源，如图4-3所示。

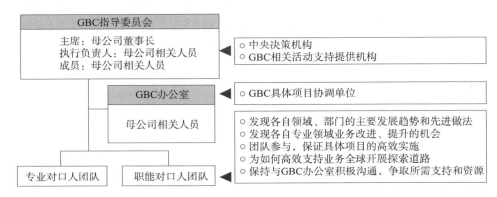

图4-3 GBC指导委员会与项目协调机制

资料来源：作者创作。

④GBC项目的工作流程，如图4-4所示。

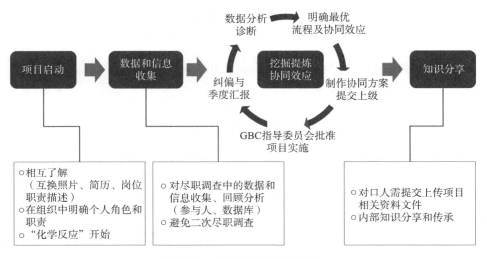

图4-4 GBC项目的工作流程

资料来源：作者创作。

项目启动环节。项目组成员相互了解，互换照片、简历、岗位职责描述。在项目组织中明确每个人的角色和职责，为后期开展工作打下基础。

数据和信息收集。对尽职调查中的数据和信息进行收集、回顾分析；同时收集下一步深度整合所需要的业务流程数据。主要的目的是了解双方业务流程的差异及找寻潜在协同效应的线索。

挖掘提炼协同效应。数据分析诊断、明确最优流程及协同效应、制作协同方案提交上级、GBC指导委员会批准项目实施、纠偏与季度汇报。

知识分享。为确保整个项目推进过程中的知识分享与经验沉淀，要求对口人需提交上传项目相关资料文件。

最后，功能整合的过程，一般还伴随技术的交流。母公司的先进技术能够被有效地传输到海外公司中，会大幅地提高整合效率；做好与对方公司的技术交流和引进而不引起对方的反感，也至关重要。

3.建抓手——综合绩效管理体系搭建

（1）整合项目中的绩效管理优化原则

在任何两个企业组织进行融合的过程中，绩效管理整合都是重中之重，也是保证后续整合效果的关键抓手。

①海外并购的绩效整合要着重考虑当地的绩效文化、已有的绩效政策，在了解子公司的绩效管理基本情况后，结合母公司绩效考核的优势，进行绩效考核导入。

②在绩效考核整合过程中，非常可能的情况是双向整合，即被收购的子公司的绩效制度先进，倒逼母公司进行绩效管理的改革。其中的误区是，被收购的一方的绩效管理一定不如母公司，而将自己的绩效管理体系强加给子公司。

③总的来说，西方公司的绩效管理相对正规，其长处在于注重计划和数据，短板在于有失灵活；中国公司的绩效考核长处在于灵活性强，主观性也强，但长远规划和契约精神相对较弱。

（2）BC公司原有绩效管理体系核心问题

BC公司原有绩效管理体系，缺少绩效导向文化、无法精准识别绩效优秀和绩效落后者、无强制分布且绩效分数直接应用于奖金发放，导致无法发挥绩效管理的指挥棒作用。

（3）原有绩效管理体系的完善

在原有的绩效管理体系基础上进行完善，综合绩效管理体系关键点有以下四个。

①强调组织绩效。增加公司级绩效及部门级绩效。BC公司CEO与万华化学集团签订年度经营目标责任书。公司级目标分解至部门，确保公司目标的有效落地。

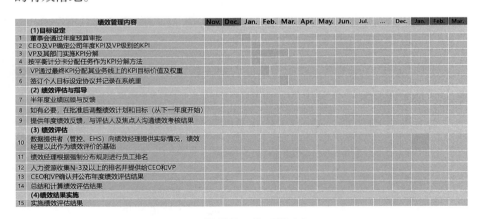

图4-5　绩效管理体系搭建概况

资料来源：作者创作。

②个人绩效强调强制分布。确保有效识别绩效优秀者及绩效落后者。

③定性评价与定量评价结合。避免管理体系的僵化，建立在一定量化标准基础上的相对灵活的评估体系，真正发挥绩效管理体系指挥棒的作用。

④绩效结果应用。将绩效成绩按照强制分布比例转化为绩效等级，再与绩效奖金关联，同时与员工晋升有效关联，打造企业内部的绩效导向文化。

强制分布比例

层级	A 卓越的绩效	B 超预期的绩效	C 可接受的绩效	D及以下 需要改进的绩效	E 不合格的绩效
N-2和N-3	≤10%	≤20%	60%~90%	≥10%	—
N-4及以下	≤10%	≤20%	60%~90%	≥10%	未规定

•对于N-1，强制分布不适用；
•强制分布在N-2和N-3应由VP提议，CEO通过；
•强制分布在N-2和N-3两个等级，如果其所在的单元超过10人（包括10人），则应当适用强制分布；
•对于N-4和N-5两个等级，如果其所在单元少于10人，则该单元应当与其他单元一起参与上一级的强制分布考核。

强制分布的约束条件

层级	评估		强制分布的限制
N-3 及以上	KPI完成情况	360°	1. 如果被考核者的分数小于等于相同的管理水平，员工的360°测评排名最后30%的平均分数，排名不能为"A"
N-4 及以下	KPI完成情况	核心价值观	2. 如果KPI完成比例 <70%，排名不能为"A" 3. 如果核心价值观评估的平均数<5，排名不能 为"A"

图4-6 KPI评估与强制分布法的实施细则

资料来源：作者创作。

4.组织诊断与问题解决

在整合进入深水区后，公司的组织氛围提升、工作效率提升等重要性逐渐显现，通过细致、有效的组织诊断，以及针对具体问题的专项调整，能够达到对公司内部关键人员的识别、组织氛围和效率的提升。

（1）全面工作分析

由于并购整合背景的复杂性，想要快速、高效地获取准确的一手信息，工作分析虽复杂但是有效的方式。全面工作分析综合运用了问卷法、访谈法、工作日志法、观察法、流程梳理对比法、满意度调查法等。

（2）主导人员及参与部门

由HR部门带领HRBP团队开展工作分析，从人力资源部入手，对IT、物流、采购等关键降本部门进行工作分析。

（3）工作分析目的

组织有效性的全面诊断（对于BC公司：冗余岗位识别、工作流程优化、人效提升）。

（4）工作输出

针对各部门现有的工作现状进行准确呈现、分析现存问题、通过协调不同职能部门专家提出有针对性的优化建议。

（5）组织诊断过程中出现的问题及对应解决方案

参与人员在分析过程中对度的把握，仅作观察分析，不干扰正常工作。将发现的问题上报GBC指导委员会，再由指导委员会通过BC公司内部正式组织下达和执行优化整改动作。与此同时，也事先就潜在问题与BC公司本地管理者进行坦诚沟通，寻求理解和达成共识，避免对方认为在"打小报告"。必要时，针对诊断报告的不同沟通对象往往要作不同语言、不同内容的、多个版本的报告。

三、组织诊断—深度整合的关键抓手

中国企业的海外并购之所以鲜有成功，其中一个重要原因就是不敢整合，也没有足够的组织能力去整合被收购企业。万华化学收购BC公司的案例之所以成功也恰恰在于持续多年的深度整合，通过市场、技术、管理、文化等方面的不断优化，有效的消化了被并购的资产并逐渐展现强有力的协同性。而如何做到深度整合，对关键部门进行逐一的的组织诊断就是重要抓手之一。如果说搭建绩效管理体系是在初步整合阶段确立了上通下达的指挥棒，那么组织诊断就是深度整合与后期高效运营的关键切入点。下面就从组织诊断的具体做法及推进落地的组织保障两个方面来详细介绍万华化学收购BC公司后历时一年半的组织诊断工作。

1. 组织诊断的具体做法

首先，要明确组织诊断的目的和要实现的目标。在并购早期阶段，BC公司一直处于亏损，降本增效自然是首要任务。前文也提到通过技术改进优化生产成本；通过资本运作降低财务成本等举措，而在人力成本方面，中方管理者隐约感觉到组织是臃肿的，人效是不高的，但具体水分有多大，提升空间有多大并不能说得清楚，需要把通过组织诊断获取的信息与管理者的直观感受进行交叉验证；同时，采购也是重要的成本中心，花钱大户，从采购业务端有哪些协同效应可以挖掘从而优化采购成本也是重点任务之一；另外，面对日常管理中出现的与国内大相径庭的各个方面，直观感觉是不太对，但到底真的是一个需要改进的问题点还是基于国情文化等因素的另有隐情，管理者也是拿不准，一个个零散的点，众说纷纭，既怕错杀又担心被忽悠。因此，也特别有必要通过组织诊断摸排还原各种差异背后的全貌，识别哪些需要改进、哪些需要接纳，为日后确定各项问题改进的管理举措的优先级提供决策依据。于是经过与高管层的反复沟通，确认了三项组织诊断的主要工作内容，即工作分析与定岗定编、协同点挖掘、差异点的识别与融合如图4-7所示。

其次，基于以上工作内容，我们选定了四个部门进行组织诊断的试点工作，分别是人力资源部、信息技术部、采购部和物流部，前两个部门是典型的后台职能部门，重点侧重在冗余岗位识别与人效提升；后两个部门是典型的花钱大户，希望能从协同效应方面有所斩获。即便在国内，一直以来针对中后台职能部门的管理与绩效考核都是难点。其实回归到某个职能部门的设立初衷，其部门职责首先是落地在对一线业务部门的支撑作用，同时高效的完成组织赋予的管理责任。职能部门的业务支撑与效率两个要点，无论是绩效管理还是组织诊断，都是题眼。四个部门当中，先从人力资源部入手打头炮，这也成为整个组织诊断项目能落地的技巧之一，后面在组织保障部分会详细阐述。下文逐一介绍深度整合阶段组织诊断三个重要工作内容。

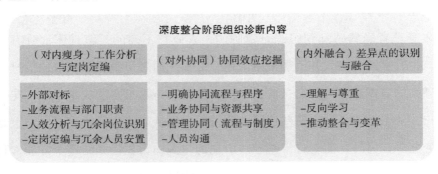

图4-7 深度整合阶段组织诊断内容

（1）工作分析与定岗定编

前文提到职能部门的定岗定编普遍是一个挑战，如何判断具体设置多少岗位，用多少人员，现有人员是否充足还是存在冗余，人浮于事。对于职能部门，并不像生产销售等业务部门那么容易量化，因此要想在公司内部达成共识也比较困难，往往是公司认为人多了，部门负责人嚷嚷着忙不过来，最后争执不下，高层不得已用所有职能部门暂缓招聘等强行一刀切的方式来控制编制。要说清楚这件事，首先要把大的工作逻辑想清楚，通常需要从内、外部双视角来提供依据，即外部对标与内部工作分析和业务梳理，然后根据内、外部提供的数据信息来计算人效并识别冗余岗位，最后达到定岗定编的工作成果。针对选出的四个部门的瘦身工作也遵循这一工作逻辑。

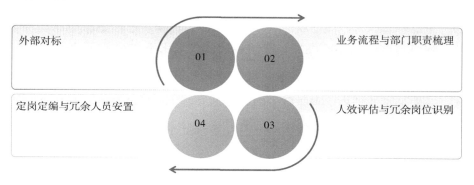

图4-8　工作分析与定岗定编流程

①外部对标。

对标管理是一个由现状分析、选定标杆、标杆比较、最佳实践、持续改进五个步骤构成的循环往复、螺旋上升的过程。先要明确对标目的并有针对性的收集相关信息，先把自己内部打算要对标的内容和信息收集好，同时相对应的，通过各种渠道收集对标对象的相关信息。这一点也是最有挑战的，有些可以通过公开信息或者市场报告等二手信息获取，尤其是对上市公司而言。但一定会有诸多信息是难于获取的甚至涉及商业机密，一般这类工作会借助第三方管理咨询公司来提供帮助。而此次工作的对标对象就是万华化学总部，所以这方面挑战就小很多，只需要协调国内总部人力资源部及相关业务部门提供相应的数据支持。当然，这么做的前提是从人效角度，国内总部要有管理优势并处于领先，事实上在整合时期那个阶段的全行业对标中，万华化学的人效处于中游水平，要落后于行业领先的巴斯夫、拜耳（现在的科思创）等公司，但要明显好于BC的实际情况，所以先对标万华化学国内总部就有现实意义。国内很多企业海外并购中之所以不敢整合，往往是因为自身的管理水平相较于被并购对象并没有优势，这时外部对标的对象就要选择行业标杆，信息收集难度大暂且不说，整个整合工作都会显得底气不足，对方也很难信服，这是不言自明的。

通过这些年的不断发展，我国企业的技术水平取得长足的进步，与国外先进水平缩小的代差甚至在很多领域渠道领先，但我们也不得不承认，我们的企业管理水平相较于国外先进水平的差距可能比技术上的差距更大，而我们往往更加重视技术上的发展而对管理上的提升意识不足。因此，要做好海外并购，国内企业自身的管理水平的提升一定要未雨绸缪，尽早与行业先进水平对标接轨，打铁还需自身硬。近年来，国务院国资委发起、倡导的国有企业对标世界一流企业管理实践的工作就有着极其深远的现实意义。

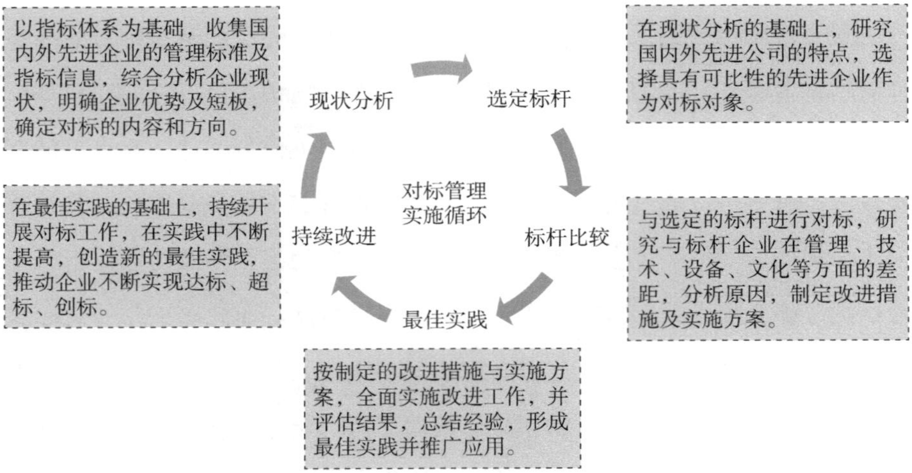

图4-9　对标管理实施循环

表4-1　一般定岗定编外部对标需收集数据

类别			描述
基础信息	1	公司对外介绍性信息	历史/现状/愿景/使命/中长期战略计划等
	2	员工手册	公司发展历程、企业文化等
组织架构与业务流程	3	组织架构	组织架构图、部门职责、岗位编制及岗位职责等
	4	员工花名册	职位、姓名、年龄，学历，入职时间等
	5	管控审批流程	内部个层级管控关系、权责划分情况等
	6	业务流程	内部业务流程图
财务相关	7	财务报表	资产负债表、现金流量表、损益表、财务预算等
	8	经营分析数据	成本数据、销售数据、利润数据等
运营相关	9	营销方案、生产方案等	根据组织诊断内容收集内部运行相关信息

②业务流程与部门职责梳理。

基于内部视角摸排清楚当下的业务流程和部门职责，也是做好定岗定编工作的重要前提。组织架构约定了部门之间的分工与相应的部门职责，而部门职责分解到岗位职责决定了所需岗位的数量，各岗位如何开展工作、工作颗粒度的大小决定了岗位上人员的编制数量。而其中的关键在于把承上启下的部门职责说清楚，笼统地说部门职责并不难，人力资源部就是做人的工作的，采购部就是做采买工作的，信息中心就是做信息化相关工作的，没有什么难以理解的。但这里的关键在于如何识别、确保各部门：（a）不仅满足现在需要做的事，还要满足不久的将来需要做的事，也就是中长线思维；（b）不仅做容易理解、容易做的事，还要做难而正确的事情，如人力资源部的一些人事事务性工作就是容易理解、容易做的事（这些大多数公司都能做到），但如何匹配业务需要去支撑业务的角度提供各种专业人力资源管理工作就是难而正确的事；（c）不仅做自身视角认为要去做的事，还要从组织全局视角、相关部门的关联视角去看要做哪些事。因此，在做部门职责梳理的相关工作过程中，如何确保各部门职责不完全基于现状、不是只从自身角度考虑、聚焦在真正有价值的工作上同时如何避免职能职责的遗漏就成为关键挑战。

在BC公司组织诊断的实操过程中，我们规划整理了从组织结构到部门职责再到岗位职责的详细梳理流程及各步骤推进的大致进度。其中有四个关键步骤：第一，沟通未来的组织架构，未来是指不久的将来，大致为六个月到一年时间，即可以预见到的未来，公司层面有可能发生的职能分工的调整和变化，以兼顾动态管理的需要，避免此项工作刚梳理完，立马又面临推倒重来的窘境。第二，各部门核心业务的梳理和评估，从现有业务流程或业务分类出发，各岗位以月为单位记录实际的工作内容及每项工作发生的频次和所需大致的时间，同时要评估各项工作的"复杂性"、"创新性"和"重要性"（5分制打分）。把各岗位所有工作汇总到一起，筛选出复杂性、创新性、重要性三项得分较高的（总分11分以上）工作内容，基本可以归纳出该部门当下的核心工作，同时也要看工作时间的分布是否与核心工作相匹配，还是相反的大量时间并没有用在核心工作上。第三，关联部门的确定与访谈。跨部门之间往往是某一工作流程的上下游关系。基于前面梳理出来的部门核心工作，进一步识别这些工作内容与哪些兄弟部门相关，出现频次比较高的部门就被定义为与该部门关联性强的部门，一般会有5～7个关联部门，我们又会与这些关联部门进行沟通访谈，来看看兄弟部门眼中希望该部门履行什么职责，哪些该做的并没有做；已经在做的，做得怎么样。用类似一个跨部门的360°评价来丰富视角，避免本位主义。第四，界定部门职能职责。基于前三项工作梳理出来的所有信息，尝试呈现各部门的部门职责，这里的关键是推动促进各部门负责人与高管层之间达成共识，尤其是在涉及业务方向重心、跨部门业务边界，以及需要新增的业务职能方面。与高管层的反复沟通可以确保从更高视角去审视各部门职能定位，尤其是在新增职能方面避免遗漏。

　　整个过程的推动进度根据实操经验总结了各步骤所需的时间，大致上每个部门需要四周左右时间是比较稳妥的。中间用到的方法并没有什么特殊，问卷法、访谈法、工作日志法、观察法等都会用到，但关键在于对收集到的信息真实性的评估。尤其是工作日志法，各部门、各岗位员工自下而上去提交的内容，往往又知晓此事背景的情况下，有水分是在所难免的。能够确保有效性的关键在于懂逻辑、懂业务及信息反复交叉验证。有些明显不符合逻辑的信息要及时发现并反复确认；自身懂业务或者请业务专家深度介入是有效识别真伪的重要保障；与高层、部门负责人、管理部门、业务专家、员工个人反复沟通和信息交叉验证（必要时抽取几个有疑问的岗位做现场观察），确保每个细节疑问点都能形成逻辑闭环，过程中大量的反复沟通，非常耗时，但也是此项工作成功的关键。

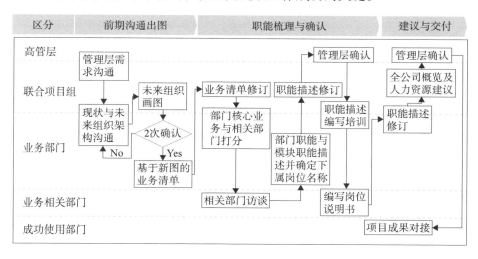

图4-10　从组织结构到部门职责再到岗位职责的梳理流程

表4-2　部门职责澄清推进步骤及进度

步骤	要梳理的内容	产出	责任人	预计时间	工具
1	部门组织结构（现状+未来）	组织结构图	部门负责人/联合项目组	3天	
2	部门业务梳理	基于业务流程的岗位职责梳理	联合项目组/业务负责人	10项流程/天	流程分配表
		业务清单	业务负责人	3天	业务清单
3	业务评估	业务评估	联合项目组	10个岗位/天	业务评分与排序
4	关联性测量	关联部门图谱	联合项目组/业务负责人	1天	关联性测量表
5	关联部门访谈	访谈纪要		4个部门/天	
6	部门职能界定	部门职能界定	高管层/部门负责人/联合项目组	1天	部门及模块职能界定
7	职能描述编写	职能描述/岗位说明书优化	联合项目组/业务负责人	2天	岗位说明书

表4-3　工作分析与核心业务梳理

业务	业务项	具体业务	业务性质			
			复杂性	创新性	重要性	投入
1	A	a_1	3		3	
2		a_2	4			9%
3	按流程	… 按流程	2		2	
4		a_n	2			9%
5Bb	B	b_1	…		…	
6		b_2			…	
7		…	4		4	
8	按类别	b_n 按类别	4			5%
9	C	c_1				
10		c_2				
11		…				
		c_n				

复杂性、创新性、重要性，进行5级评分:1,2,3,4,5

关联部门职责建议案例：

一是销售部对物流部职责建议

◆2013—2014年物流单位运费成本是降低的，但是这没有得到销售部的认可。

◆销售没有参与物流预算的制定。（投放区域不同，物流成本不同）

◆沟通不畅，出现问题或误解不能及时解决。

◆物流部在出口运输和第三国运输方面经验不足（土耳其、南美）。

二是销售与物流的关系

◆销售业务和采购业务是物流成本的 generator，物流部只是物流成本的承担者。

◆决定物流成本的因素：销售策略（五天提前期/二十四小时发货）、投放区域（周边国家/第三国）、运输方式（公路/多式联运）、计划准确性和招标价格等

◆没有销售参与的物流解决方案，是单方面的，不能全面、科学的反映物流绩效。

◆制定物流解决方案和考核方案，必须要有销售的参与。

三是销售部与物流部及财务部工作协同的建议

表4-4　关联部门职责建议案例

Steps	Sales	Logistics	Finance	Note
1. 制订销售计划	√			年度/季度/月度，区域/国家/客户
2.1 分析单位运输成本		√	√	按运输方式分析
2.2 部分数据与代理确认		√		
3. 选择合适的运输方式和单位成本	√	√		考虑客户满意度和物流成本
4. 制定物流预算，报财务部备案	√	√	√	
5. 建立异常情况审批制度	√	√		尤其是变更运输方式，造成成本增加
6. 执行方案，汇总、分析执行情况，与销售沟通	√	√		针对特殊情况的沟通

资料来源：内部材料。

③人效评估与冗余岗位识别。

一般来讲，通过前面职责梳理、工作分析等工作，结合现有编制的情况，可以作出人均效能高低的判断。人效评估可以从组织整体层面、职能线条层面、人员结构层面进行综合评估，与工作饱和度共同作为定岗定编的重要依据，不仅用于明确岗位和人员编制数量，还明确人员能力标准及组织运营管理标准。人效的高低是个相对值，无论是跟自己的历史数据比还是跟外部对标对象比，都是通过比较得出结论的。前文也提到，当时BC公司的人效水平，尤其是组织整体层面的人效，如人均产值等，在行业内处于末端，跟万华化学总部比也有差距，这个结论匈牙利当地员工也是认可的。然而，落脚到具体哪个职能、哪些岗位存在冗余导致公司整体人效偏低了，就需要在前序工作分析、职责梳理工作的基础上进一步对冗余岗位进行识别。

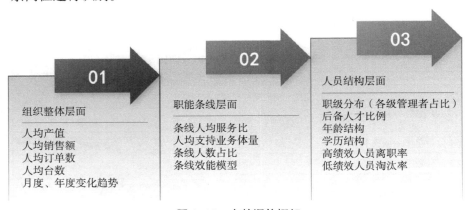

图4-11　人效评估框架

识别冗余岗位主要从岗位价值、培养难度、标准化程度、工作饱和度及岗位任职资格要求等方面进行综合评估，如图4-9所示。其中岗位价值是从工作的贡献度和复杂度角度，岗位价值越小，越大概率是冗余岗位；标准化程度指该岗位工作职责重复性的程度，标准化程度越高，岗位被外包甚至被IT系统替代的概率越大；培养难度指的是岗位上的人员被替代的难易程度，培养难度越低说明岗位上的人员大概率做的事务性工作偏多，随时可以被替代甚至岗位裁撤对公司整体业务影响也不大；至于工作饱和度就更为直观，通过前面的工作分析对四个部门所有岗位上的人员进行了工作饱和度的分析，见表4-4。

维度	核心维度				调整维度				
因素	岗位价值			标准化程度	培养难度	其他			得分
子因素	工作复杂性和难度	管理职能和责任	人际交往和沟通	工作非程序化程度	培养周期	人员可替代性	当前人员冗余度	最低学历要求	
行政前台	*	*	*	*	*	*	*	*	*
产品设计	*	*	*	*	*	*	*	*	*
IT专员	*	*	*	*	*	*	*	*	*
营销策划	*	*	*	*	*	*	*	*	*

岗位价值　培养难度

标准化程度　其他

评估方法：
量化评分：为每个维度设定评分标准，如1～10分。
权重分配：根据维度的重要性分配权重。
综合评分：计算加权平均分。

评估结果：
高适宜度：综合评分在高适宜度阈值以上，建议保留。
中等适宜度：综合评分在中等适宜度范围内，需进一步分析。
低适宜度：综合评分在低适宜度阈值以下，考虑优化。

图4-12　冗余岗位识别框架

表4-5　物流部部分岗位工作饱和度分析示例

员工	组织单元	平均工作时间—填写工作日志期间	基于8小时的工作负荷	基于问卷（直线经理确认）的年度工作负荷	基于问卷（被工作日志修正）的年度工作负荷	平均工作时间*（2014-11至2015-2）
小组长1	单证和报关	9:42	112.44%	80.9%	80.90%	8:49
运输管理专员1		7:48	83.03%	89.26%	89.85%	8:07
运输管理专员2		8:05	85.33%	96.01%	86.11%	8:03
运输管理专员3		9:02	106.08%	89.99%	85.95%	8:04
运输管理专员4		9:25	99.31%	97.41%	97.17%	8:15
运输管理专员5		8:16	81.58%	93.5%	91.69%	8:07
运输管理专员6		8:38	97.02%	92.85%	97.81%	8:12

资料来源：内部材料。

Categories	Duration (min)	Percent
advise on container deliveries	597	23%
prearrange container and railway deliveries	549	21%
others	452	18%
document handling (mailing, aviso, archiving)	245	10%
record data into SAP/Regens	219	9%
sum up delivereis	210	8%
review logins and e-mails	163	6%
account materials delivery	62	2%
consultation	47	2%
data supplies	25	1%
Total	2569	100%
Work load in Work logs based on 8 hrs	99.31%	

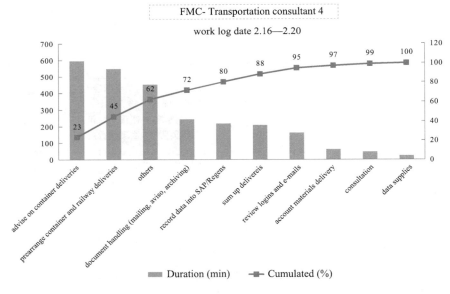

图4-13 物流部工作分析

资料来源：内部材料。

Categories	Duration (min)	Percent
Others	986	39%
RFQ, Tendering	384	15%
Procurement marketing activities	320	13%
Stock Management (delivery schedule)	277	11%
Preparing PO-s	235	9%
Follow-up of orders	147	6%
Negotiations	127	5%
Demand handling	48	2%
Total	2524	100%
Work load	91.31%	

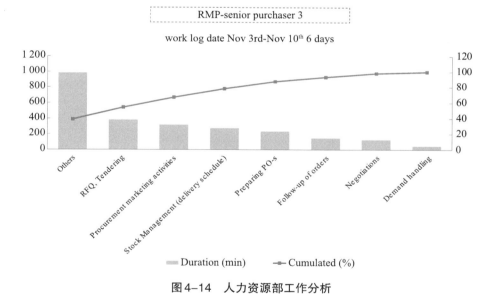

图4-14 人力资源部工作分析

资料来源：内部材料。

Categories	Duration (min)	Percent
Purchase Order administration	891	35%
Processing demands (BMIG, mails)	635	25%
Cash (direct) purchase	481	19%
RFQ, Tendering	128	5%
SAP master data administration	121	5%
Checking inventories	79	3%
Others	74	3%
Keeping contact with potential suppliers	62	2%
Follow-up of orders	61	2%
Invoice management	2	0%
Total	2534	100%
Work load	90.98%	

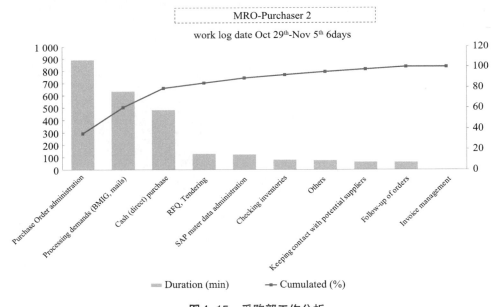

图4-15 采购部工作分析

资料来源：内部材料。

Classification	Duration (min)	Percent.
SAP user support	670	36%
Other	293	16%
SAP functions modifications	267	14%
New SAP module implementation	260	14%
SAP problems solving	147	8%
New SAP function implementation–planing	87	5%
New SAP function implementation–execution	64	3%
ABAP program	33	2%
Documentation	20	1%
SAP system operation controll	15	1%
Exist SAP functions modifications	12	1%
Total	1868	100%
Workload	73.01%	

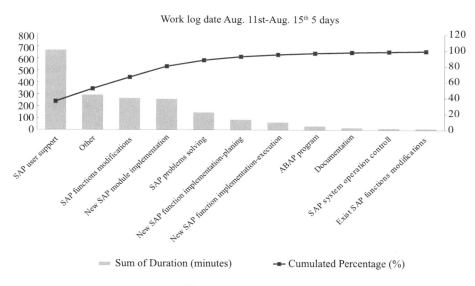

图4-16　IT部工作分析

资料来源：内部材料。

实操中，基本也是遵循这几个维度来综合评估，只是目的不是简单识别冗余岗位就上报，而是同部门管理者充分沟通，提出整改优化建议，督促整改计划的制订和落实。一方面避免错杀，另一方面也是将暴露的问题抓紧整改，这才是真正的目的所在。同时，岗位的优化往往也需要很多的前提条件，如自动化与信息化水平、相关的法律法规要求、公司对工作颗粒度大小的要求等，不能一刀切的单纯要求岗位优化，也要考虑业务的实际情况，给出过渡时间并提供相应的资源支持。因此，BC公司组织诊断工作的岗位优化建议主要从以下四个方面着手：一是岗位目前的工作量不饱和，工作重新分配后可优化；二是岗位工作复杂耗时耗力，优化工作方法后可优化；三是岗位工作价值低，事务性工作多，考虑通过信息化系统逐步替代；四是需要加强的职能可以增设新的岗位。可见，岗位的优化不仅是只对冗余岗位做减法，也要根据业务实际情况做必要的合理的加法。

表4-6　人力资源部可优化岗位的建议

模块	现状及原因	可优化岗位	可优化的前提
薪酬 （14人）	现状：薪酬（1个小组长、3个发薪员、2工时统计员）、福利（3人）、社保（3人） 一、BC当地法律更为严格，产生大量的事务性工作； 二、薪酬系统不智能，部门工时统计耗时太多； 三、福利项处理过程复杂，耗时费力。 主要优化方向：工时统计员、发薪员，简化福利专员工作。	1名发薪员 1名工时统计员	薪酬系统优化和提升 缩短在工时检查上的时间，业务部门确保工时统计的准确性
招聘与人头管理 （10人）	现状：招聘（3人）、心理测评（2人）、合同管理（3人） 其中合同管理优化空间很大（访谈中直线经理也提及有优化空间）。 心理测评师测评时间长，需要优化，并且在招聘淡季要主动承担其他人力资源工作。	2个合同管理专员	无其他项目性工作及新的工作

模块	现状及原因	可优化岗位	可优化的前提
HR管控（5人）	现状：绩效管理与调薪（2人），数据分析与报告制作（2人）。 模块项目性和周期性的工作较多，工作量波动较大，并且4人均为HRBP，建议在HRBP工作和HR新项目上投入更多的精力。 整体来看人力资源部对此模块工作较为满意。	1名数据分析和报告制作员	优化报告的数量
培训与沟通宣传（6人）	现状：培训3人和沟通宣传2人。 其中，培训单元3人工作量分配不均衡，1人负责内外部培训的组织实施，工作量较大，有1人负责院校来厂实习协调，工作量较少，还有1人只要负责培训预算和费用发票处理，可以考虑优化。	1名培训专员	工作量重新分配
总计		6人	

资料来源：内部材料。

表4-7　人力资源部岗位职能优化建议

优化方向	目标业务	目标岗位	现岗位人员	可优化人员
缩小	福利项的管理与发放是简单的日常事务性工作，但是工作量很大	福利专员	2	
	工时统计项上HR投入的精力过多	工时统计员	2	1
	薪酬系统的不智能及不稳定导致发薪耗时太多	发薪员	3	1
	心理测试耗时太长，并且随招聘人员数波动较大	心理测试员	2	
	培训单元3人工作量分配不均衡，有1人负责院校来厂实习协调，工作量较少，还有1人只要负责培训预算和费用发票处理	培训专员	3	1
	管控员的日常工作为各种分析报告的制作，对于报告的必要性要重新考虑	数据分析和报告制作员	2	1
强化	公司培训计划的制订及内外部培训的组织较好，但是在培训的管理及培训课程的开发上不能满足需要	培训专员		

续　表

优化方向	目标业务	目标岗位	现岗位人员	可优化人员
删除	合同管理工作量低且为事务性工作，人员较多	合同管理员	3	2
创造	HRBP 的工作模式13年7月份搭建，且都是兼职。如何贴近业务部门需要，融入业务部门，发挥HRBP的作用需要进一步加强			

资料来源：内部材料。

以人力资源部为例，对福利专员、发薪员、心理测试员、合同管理员等七个岗位给出了做减法的优化建议；而对培训专员的课程开发职能及HRBP两个岗位建议强化或者新增全职的岗位。这样基于业务需要更为务实的建议和立场，更加有利于正向引导匈牙利管理者与员工正确理解组织诊断及自身瘦身工作的出发点，对化解抵触情绪，减少内部不必要的阻力和摩擦有着积极的作用。

④人员编制制定与冗余人员安置。

定编不仅是数量问题，而且是结构、技能和费用等多方面的问题，尤其对于职能部门，职能分工和人效均对定岗定编有较大影响，在进行规划时需有扎实的数据与逻辑支撑，往往多种方法综合运用。通过前面一系列的工作推进和数据信息的收集，最终人员定编的结论性数据基本水到渠成了。

表4-8 定岗定编方法

| 员工数量 | + | 员工结构 | + | 员工费用 | + | 员工技能 |

主要方法	主要内容
劳动效率定编法	根据生产任务和员工的劳动效率及出勤等因素来计算岗位人数的方法。实际上就是根据工作量和劳动定额来计算员工数量的方法。
业务数据分析法	业务数据包括销售收入、利润、市场占有率、人力成本等；根据企业的历史数据和战略目标，确定企业在未来一定时期内的岗位人数。
本行业比例法	按照企业职工总数或某一类人员总数的比例来确定岗位人数的方法。在本行业中，由于专业化分工和协作的要求，某一类人员与另一类人员之间总是存在一定的比例关系，并且随着后者的变化而变化。
业务流程分析法	根据岗位工作量，确定各个岗位单个员工单位时间工作量如单位时间产品、单位时间处理业务等；根据业务流程衔接，结合上一步骤的分析结果，确定各岗位编制人员比例；根据企业总的业务目标，确定单位时间流程中总工作量，从而确定各岗位人员编制。
预算控制法	通过人工成本预算控制在岗人数，而不是对某一部门内的某一岗位的具体人数作硬性的规定。部门负责人对本部门的业务目标和岗位设置和员工人数负责，在获得批准的预算范围内，自行决定各岗位的具体人数。
按组织机构、职责范围和业务分工定编的方法	先确定组织机构和各职能科室，明确各项业务分工及职责范围以后，根据业务工作量的大小和复杂程度，结合管理人员和工程技术人员的工作能力和技术水平确定岗位人数的方法
管理层、专家访谈法（德尔菲法）	通过管理层访谈获得以下信息：下属员工工作量、流程的饱满性，员工编制调整建议；预测其下属员工一定期限之后的流向：提升(部门内和跨部门提升)、轮岗、离职(自愿和非自愿),统计各部门一定期限之后的员工数目； 通过专家访谈获取以下信息：国内、国外本行业各种岗位类型人员结构信息(包括管理层次和管理幅度等信息)。

职能部门常用定岗定编方法

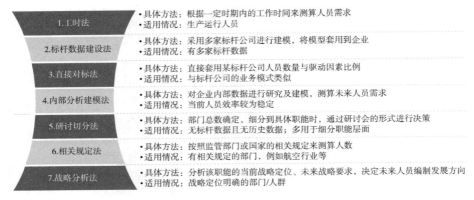

1.工时法	• 具体方法：根据一定时期内的工作时间来测算人员需求 • 适用情况：生产运行人员
2.标杆数据建设法	• 具体方法：采用多家标杆公司进行建模，将模型套用到企业 • 适用情况：有多家标杆数据
3.直接对标法	• 具体方法：直接套用某标杆公司人员数量与驱动因素比例 • 适用情况：与标杆公司的业务模式类似
4.内部分析建模法	• 具体方法：对企业内部数据进行研究及建模，测算未来人员需求 • 适用情况：当前人员效率较为稳定
5.研讨切分法	• 具体方法：部门总数确定，细分到具体职能时，通过研讨会的形式进行决策 • 适用情况：无标杆数据且无历史数据；多用于细分职能层面
6.相关规定法	• 具体方法：按照监管部门或国家的相关规定来测算人数 • 适用情况：有相关规定的部门，例如航空行业等
7.战略分析法	• 具体方法：分析该职能的当前战略定位、未来战略要求，决定未来人员编制发展方向 • 适用情况：战略定位明确的部门/人群

图4-17　定岗定编—常用人员数量计算方法

相较于前面一系列工作分析、定岗定编的工作，尽管难度很大，非常敏感，但当结论出来以后（四个部门经过各种整改优化举措后仍合计有32名冗余人员），更为敏感的是识别出来的冗余人员究竟怎么安置。此类工作即便在国内都是很难妥善处理的，涉及海外并购整合，更是涉及投资时的政府承诺、当地法律法规、工会等更为复杂的因素。

先不考虑劳动补偿、工会等如何应对，万华化学在收购BC公司伊始就与匈牙利政府有过三年不裁员的承诺，此类承诺往往是海外收购案的前置约束条件，并不罕见。这就将通过裁员的方式对人员进行优化的方式堵死了。而因为充分保障员工利益的工会的存在，也很难用通过各种方法引导员工"主动"离职的方式来解决。这些因素是在推动定岗定编工作开始前就很清楚的，有人或许会问，明知梳理出来也动不了，还费这么大的功夫做这项工作。其实在最开始中国高管层就明确了此事的处理基调：一是人是裁不掉，但需要知道有多少数量，具体是谁，即便养着闲人，也要清楚知道公司为此付出的成本是多少。二是梳理出来的人员应该脱离现岗位，进行转岗，不能让冗余人员继续留在现岗位对绩效优良的员工产生负面影响，这不利于绩效导向文化的建立。三是通过建立"人才池"进行转岗培训并与工会充分沟通备案等方式，一方面为员工敲响警钟，对于部分保持上进心的员工还可以进一步提供机会；另一方面也为将来合法、合规做好人员安置工作进行铺垫。

基于"说的清、拎的出、给机会"的大原则，人员安置工作得以顺利进行，没有出现任何干扰业务开展的群体事件。更为重要的是，对其他匈牙利在岗人员形成很好的示范作用，树立了"中国管理者是讲道理的，也是有能力动真格的"管理权威，甚至很多部门的管理者都主动站出来开展自身部门的瘦身提效工作。这种风气的形成为不久的将来BC公司整体扭亏为盈打下了良好的基础。

回顾整个BC公司各部门对内瘦身的定岗定编工作，是一个相对比较成功的管理实践。不仅是对中国企业出海涉及的海外并购有一定的参考性，国内企业间的并购甚至一般企业内部的人效提升项目都可以参考该步骤流程方法来推进。

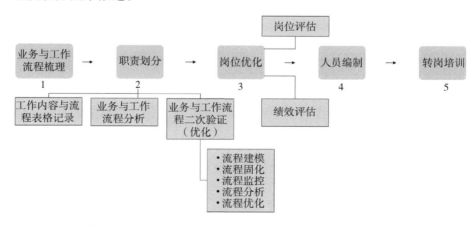

图4-18　定岗定编流程：从业务流程梳理、岗位职责划分、岗位优化、人员编制、转岗培训

（2）协同点挖掘

01	02	03	04
明确协同流程与程序	业务协同与资源共享	管理协同（流程与制度）	人员沟通

图4-19 协同点挖掘流程

如果说工作分析与定岗定编的目标侧重于从人力资源管理角度去瘦身提高人效，组织诊断在深度整合阶段另一个非常重要的工作内容就是从业务管理角度尽可能地挖掘协同效应。协同效应主要表现为通过人力、设备、资金、知识、技能、关系、品牌等资源的共享来降低成本、分散市场风险、提高双方团队人员的信任度，以及实现规模效益，通过不断增强协同效应，从而促进整个并购的最终成功。可以说，是否产生更多有效的协同效应，是企业并购活动中能否有效消化被并购资产的最重要表现。

协同效应原本为一种物理化学现象，又称增效作用，是指两种或两种以上的组分相加或调配在一起，所产生的作用大于各种组分单独应用时作用的总和。而其中对混合物产生这种效果的物质称为增效剂(synergist)。协同效应常用于指导化工产品各组分组合，以求得最终产品性能增强。

1971年，德国物理学家赫尔曼·哈肯提出了协同的概念，1976年系统地论述了协同理论，并发表了《协同学导论》等著作。协同论认为整个环境中的各个系统间存在相互影响而又相互合作的关系。社会现象亦如此。例如，企业组织中不同单位间的相互配合与协作关系，以及系统中的相互干扰和制约等。

协同效应Synergy Effects，简单地说，就是"1+1>2"的效应。协同效应可分外部和内部两种情况，外部协同是指一个集群中的企业由于相互协作共享业务行为和特定资源，因而将此作为一个单独运作的企业取得更高的赢利能力；内部协同则指企业生产，营销，管理的不同环节，不同阶段，不同方面共同利用同一资源而产生的整体效应。或者是指并购后竞争力增强，导致净现金流量超过两家公司预期现金流量之和，又或合并后公司业绩比两个公司独立存在时的预期业绩高。

企业协同效应一般分为经营协同效应、业务协同与管理协同效应和人员协同效应。其中经营协同涉及战略和财务方面，如在MDI和TDI各自领域的产品技术优势所形成的范围经济效应；在市场准入方面，整合资源更好的服务区域市场，降低物流成本，形成区域规模经济效应，以及更加灵活的应对区域反倾销或关税壁垒政策等；在财务管理尤其是资金管理方面，充分利用各自融资优势以及资金流动便利性优势，降低融资成本，建立全球资金池等，在上述经营协同领域，万华化学与BC公司在并购伊始的确产生了良好的协同效应。

不过经营协同一定是高管层极其关注并亲自调度推动的，而在深度整合阶段，高管层期待通过组织诊断进一步挖掘其平常关注不到的颗粒度更细的各职能、各部门层面的协同效应，这就涉及业务协同和管理协同。以采购降本为例，通过同一采购物品各自供应商价格资源优势，提高集采比例来降本属于业务协同；而通过对标最佳管理实践，挖掘内部运营降本空间就属于管理协同，如前文提到的专项推动BC公司内部销售与物流之间的业务打通等。无论哪种协同效应的识别，都需要基于业务视角，要求工作人员懂业务并能协调业务专家资源。在BC公司组织诊断的协同工作流程与机制主要依靠前文提到的协调人机制（GBC）及与万华化学的业务专家和BC变革意识较强的业务骨干、HR共同成立的联合项目组。需要强调的是，协同效应的挖掘不能仅依赖业务专家，业务专家的业务深度往往也意味着视角的局限性，如何更好的平衡甚至创新的提出真正能协同双方的解决方案，中方外派的HRBP发挥了重要的协调粘合作用，下一节会详细介绍HRBP在其中扮演的角色和作用。

①业务协同效应。

业务协同是经营协同的颗粒度缩小版，主要的识别点一是规模经济效应。规模经济是指随着生产规模扩大，单位产品所负担的固定费用下降从而导致收益率的提高。二是资源互补。协同可以达到资源互补从而优化资源配置的目的。

在组织诊断试点的四个部门中，更容易产生业务协同效应的自然是更贴近业务的采购部。在采购供应商管理方面，经过盘点梳理，与万华化学和BC公司双方相同或归属同一个集团的供应商共计49家，占万华化学国际供应商的33%，这就有可能形成集采的规模效应，在未来的采购价格谈判方面产生协同效应。在具体采购价格方面，通过组织诊断识别出三个产品的采购价格差别较大，其中有两个产品万华化学的采购价格远低于BC采购价格，有一个产品BC的采购价格低于WH采购价格（20%～30%）。同时，也在研究一些重大复杂设备（如压缩机、换热器、反应塔）协同降本的可能性。

同时，为了日后在供应商管理和采购价格方面的动态管理协同，需要搭建一个协同的有效程序和平台使双方的沟通更有效。

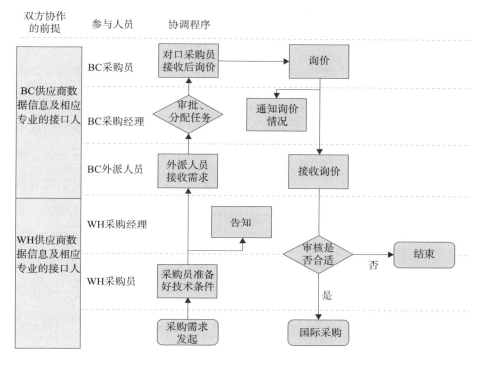

图4-20　BC公司内部协同流程

资料来源：内部材料。

②管理协同效应。

管理协同效应又称差别效率理论。管理协同效应主要指的是协同给企业管理活动在效率方面带来的变化及效率的提高所产生的效益。如果协同公司的管理效率不同，在管理效率高的公司与管理效率不高的另一个公司协同之后，低效率公司的管理效率得以提高，这就是所谓的管理协同效应。再次强调，这里往往要求并购企业的效率大部分高于被并购企业的管理效率，整合动作才能真正地进行下去，所谓打铁还需自身硬。如果是并购企业的水平显著落后于被并购企业，一般是不敢整合也没能力去整合的。管理协同效应主要识别点：

一是统一管理框架，节省管理费用。通过协同不同公司的管理制度与流程统一到同一框架下，统一管理语言，这样就可以大幅提高沟通效率，降低管理成本。通过组织诊断，BC公司的人力资源职级职等体系与国内总部统一，使人员的轮动和晋升都可以按照同一标准框架进行；IT的信息化系统也逐步统一，BC公司之前的系统倾向于本地化自研，本地的适应性可能不错，但横向兼容的几乎不可能，将信息系统统一，使业务流、数据流、审批流完全打通，大幅降低了原先来自不同系统的数据分析统计的管理成本；采购部的组织诊断中，工作组全文翻译分享了万华化学的《招投标管理制度》和《供应商管理制度》，并结合BC实际情况协助拟定颁布了BC的《招投标管理制度》等四个文件，分享了万华供应商评价具体指标和实施方案，同时分享了万华化学的20个采购制度清单及18个采购流程的清单。同时，建立了未来双方采购业务交流分享的机制和时间表，大大促进了采购制度与流程的协同。

二是提高企业运营效率。根据差别效率理论，如果X公司的管理层比B公司更有效率，在X公司收购了B公司之后，B公司的效率便被提高到X公司的水平，效率通过并购得到了提高，以致于使整个经济的效率水平将由于此类并购活动而提高。前面提到的通过对标万华化学提升各部门人效的工作其实也属这一类型的管理协同效应。同时，物流部参考了万华化学的最佳实践，专项推动提升铁路运输和公路运输的联运比例从而降低物流成本，提高供应链管理效率。除此之外，每个部门都通过业务专家做了大量的同类型业务最佳实践的分享，以便全方位的对标学习。当然，这种对标学习不是单向的，BC公司也有很多做的出色的最佳实践值得万华化学学习。这种反向学习在后文会详细介绍。

③人员协同效应。

对降本增效而言，无论业务协同效应还是管理协同效应，都可以从各自不同角度去实现，而要实现这两种协同效应，都需要建立在人员协同的基础上。这里讲的人员协同效应不是从人员数量的角度，而是通过沟通建立信任的角度而言，其主要识别的点为

一是沟通的效率和效果。无论是内部跨部门沟通还是并购双方之间的沟通意识和沟通技巧都会对各种管理举措的效果产生至关重要的影响。在对四个部门组织诊断形成的诊断报告中，无一例外的都提到了沟通问题。内部跨部门沟通方面，对任何组织都是不小的挑战，国内外企业都概莫能外，从采购部组织诊断项目经理的话语中可管中窥豹：在对采购部进行工作分析的过程中，通过与各部门接触感到BC公司的同事在执行力和专业性上都很强，但是在部门间的沟通与协作中存在很多问题。在涉及跨部门的问题时不是推给别的部门，就是上升到公司层面，很少能从本部门的角度出发考虑、解决问题。一个部门的职责本来就不是完全独立的，与其他的部门有很多的合集。因为观念问题导致存在合集的地方有漏洞，合集的共享方越多，问题也就越多。采购部在日常工作中需要与很多部门协作，因此存在的问题较多，很多问题是需要各部门协作来解决的。而在推动BC公司与万华化学总部之间的人员沟通方面，天然就存在各种挑战，反而大家会更加重视且具有敏感度。除了前面提到的中方外派人员做的大量业务分享交流，其中很重要的一个举措是，在BC公司还没有完全扭亏为盈的情况下，中方管理者依然坚持投入资源派遣各个部门匈牙利骨干员工到中国总部进行为期至少半个月的交流学习，每批10～20人，平均一年派了6～7个批次。匈牙利员工交流返回后也要在公司层面和所在部门层面做交流感悟分享，通过这种方式推动人员交流，寻求互相理解和换位思考

并起到良好的效果。这其中也涉及很多跨文化的问题，会在后面章节专门介绍。

二是把握好管控尺度，落脚在双方信任的建立。沟通的最终目的还是为了建立信任，减少不必要的管控成本。针对组织诊断浮现出的各种问题，直觉反应就是加强管控，如采购流程的审批中新加入诸多审批环节，而审批人都是中方管理者，对采购风险的把控来说，也许没有错，但这样会给匈牙利管理者和员工造成中国人不信任我们的主观感受，长远看反而产生摩擦造成对立。哪些风险点中方必须把控，哪些权利需要充分授权当地员工，这需要不断摸索平衡，而所有管理的出发点是首先选择"相信"还是选择"防范"，这对建立信任的效果是天壤之别。另外，需要强调的是，信任的建立不仅存在于中方外派管理者与匈牙利当地员工之间，也需要通过不断的沟通帮助国内总部的管理者建立新的认知。如果说前者的信任建立的挑战在于双方存在天然的排斥，后者的信任障碍就来自国内管理者的刻板印象和惯性思维。其实对于长期外派的中方管理者来说，日常的耳濡目染和深度相处，对当地工作方式、思维方式的差异慢慢是容易接受和理解的，但真正的挑战往往在于如何说服国内总部更高级别管理者去相信并接纳。国内的管理者远离一线，对认知之外的差异本能的会去质疑，甚至会认为外派人员工作不力，夸大差异和困难，没有把工作做到位等。这就要求外派人员具备很好的向上管理和内部沟通的能力，真正起到沟通桥梁作用，有理有据的帮助国内管理者重新建立新的认知并取得信任，这一点至关重要。

综上所述，协同效应的效果决定了收购整合的成败。无论是经营协同效应、业务协同效应还是管理协同效应的产生，最终都会落脚到人员协同效应上，这是真正的核心。而人员协同效应在于沟通和信任建立，然而沟通大家每天都在做，也都有主动建立信任的良好愿望，可做起来效果却大多不理想，尤其是海外并购又涉及跨文化问题，更加增加了复杂度，往往不如国内业务那样有包容度，很容易将问题显性化。这个看似简单又很复杂的问题该如何应对？让我们回归"第一性原理"，要想建立双方的信任，成本最低的方式就是尊重规律，尊重人性规律，尊重市场规律，尊重基本的国际商业规则，尊重文化差异。而这就要求有海外业务的企业从总部层面就逐渐成为真正的国际化公司，具备国际化的思维方式、工作方式和文化适应性。很难想象一家出海中国企业，长期保持着公司总部按中国的方式来，国外分子机构按国内的方式来，这种人员和文化的协同效应建立不起来必然会产生大量内耗和冲突从而降低效率增加管理成本甚至影响最终经营结果。这样的企业无论海外业务的规模大小，充其量就是一家区域公司而不是真正的全球化公司。而总部层面的国际化，必然在于公司一把手的国际视野与国际化的野心，而最简单的衡量标准就是看看这家公司有多少外籍员工在国内总部工作，无论短期交流或实习还是长期工作，外籍员工的数量及工作体验是一家公司国际化雇主品牌的试金石，这个建立的过程，需要重视，需要时间，更需要尽早行动起来。唯有如此，才能逐渐降低形成人员协同效应的难度，从而真正在经营业务和管理上产生协同效应。

（3）差异点的识别与融合

图4-21　差异点识别与融合

前文通过组织诊断工作无论是侧重人效的定岗定编还是侧重业务协同效应的协同点挖掘，必然会识别出诸多差异点，这里暂且称为"差异点"而非"问题点"。识别的过程是"诊"，而如何处理这些差异点就是"断"。首先不能把差异点简单定义为问题点，不是但凡跟自己不一样的地方都要求按自己的标准去改进。对待差异点的方式更愿意称为"融合"，所谓融合在于，有些差异是有文化国情背景的，需要理解与尊重；有些差异甚至是对方做的优秀之处需要我们反向学习；有些差异是真正的问题点，需要推动整改甚至是系统性变革。

①理解与尊重。

当面对组织诊断识别出的差异我们简单惯性定义成问题，那解决方案必然也是无效的。这里的理解与尊重有国情、文化、法律等层面。比如，对一家3 000人左右规模的公司，按照国内的经验，从事工资福利社保发放的专职人员2～3人足够了，而BC公司现有专职人数为12人，这还没算各部门的辅助人员，直观感受显然是太多了。多是多了些，但能否必然减到国内的人数那就未必了。匈牙利有非常严格的劳动监察政府部门，电算化程度不高，要求所有的发放记录纸质化存档，类似于多年前国内的会计票据凭证，并不定期抽查。所以要应对政府监察的薪酬福利相关工作就是个不小的工作量，这种差异是法律决定的。另外，福利方面，国内的员工福利往往不是重点，甚至员工也并不感冒，认为企业给的福利不如换成现金发给员工。而欧洲的工作文化是普遍重视员工福利，一般都实行弹性福利，即在一定标准预算内，有很多不同种类的福利选项供员工选择，我要一只鸡，他要一只鸭，选项太多管理成本必然就高，就需要有专人去处理，而且这方面金额不高却往往是最容易产生员工抱怨的，要做到员工高满意度并不容易。这种差异是文化决定的。又如，人效提升，国内很多企业提高人效的方式是灵活用工、劳务外包，分母正式员工数量"减少"了，分子产出不变的话，人效自然"提升"了。而在匈牙利的实际情况是，用第三方外包公司的显性成本往往显著高于用自有员工的成本，这就很难用国内的经验来提高人效。欧洲没有国内的税返政策和其他弹性政策，人工提供的服务本来就不便宜，成本高就是自然的，只是国内的商业环境让我们的认知不是这样。这种差异是国情决定的。

②反向学习。

被并购企业也有很多管理理念值得学习，何况BC终究是一家欧洲企业，长期受到德国精细化管理的熏陶，本身也有很多值得万华化学反向学习的。反向学习有两个角度：

双方都有的业务，别人做得比我们好。例如，中方员工普遍公认的，匈牙利员工在工作计划性上做得非常好，这是广义的计划性的概念，大到工程节点的把控、预算的约束，小到一般工作流程的遵守，甚至开会时间的准时性。这也是外资企业与中国企业之间较大的工作文化差异。外资企业面对复杂任务时强调计划性，一开始看似效率不高，但磨刀不误砍柴工；中国企业强调灵活性，也做计划，但不够严谨，边干边改，突破计划也不是大不了的事。孰优孰劣很难说，但期待中国企业保持灵活性的同时尽可能地加强计划性总是不为过的。在对四个部门组织诊断过程中，匈牙利员工也有很多具体业务细节值得万华化学学习，如在采购招投标的公正性方面，明确导向是公平公正原则大于灵活性原则。

由于国情不同造成的，我们没有的业务，被并购企业必须从事，不论水平高低，都是我们难得的学习机会。比如，匈牙利的电力采购跟国内是很不一样的，一方面欧洲企业用电价格比居民用电价格低，相当于批发价的逻辑，这与国内相反；另一方面匈牙利的电价类似于股票价格，每时每刻都是变化的，国内并没有类似的操作经验。这种业务实操经验短期内在国内也许用不上，但如果再到其他国家投资时也许就会面临相似的业务场景，为未来海外的能源电力采购提供了宝贵的经验积累。

表4-9　采购招投标流程对比

	优势	劣势
BC	招标过程中，TGSP、物流、销售和财务责任清晰；年底评价供应商服务时，各部门共同参与。 同一平台，采购和物流有协同作用。	招标流程相对较长，响应较慢。 "Mini-tender时间长"—物流部先给一个预估的价格供销售经理核算价格，从代理得到准确报价后马上发给CSR和销售。
WH	灵活高效，快速响应销售部门需求-物流团队全程负责，审计财务全程监督。 运作灵活。	两个平台，缺乏协同。 散货船

资料来源：内部材料。

③推动整合变革。

面对识别出的、的确需要整改优化的差异点，就需要有策略、有节奏的推动进一步的整合和变革。这里需要明确三个关键点：首先需要对亟待解决的问题点的轻重缓急进行排序。站在不同的立场看，每个问题都有充足的理由去解决，但从公司或者部门层面明确先做什么后做什么是关键，把握节奏，避免"胡子眉毛一把抓"。也为日后职级薪酬体系筹拉齐、信息化系统建设等进一步整合举措提供决策依据。其次需要充分沟通，对即将推动的整合工作寻求匈牙利管理者和员工的认同，毕竟变革不能只靠中方员工，关键在于匈牙利员工能认同接受并积极行动起来。同时，对不积极响应变革的管理者进行大胆的人员调整，通过组织诊断，我们对各部门的人员态度、能力等也有摸底，主动调整具备变革意愿的匈牙利员工担任变革相关的关键岗位，激发起当地年轻管理者的工作斗志。最后需要明确的是，变革的推动一定要通过正式组织的行政管理体系去推进落实。

组织诊断项目组只是个临时机构，大多数人员只是以外部专家或者协调人的身份开展工作，发现问题应积极建议BC公司的中方管理者，但不能直接推动问题的解决，不名正言顺反而会授人以柄激起反感。这里前期首先完成的整合工作—绩效管理，就发挥了重要作用，可以作为正式组织推动变革的有效抓手。

表4-10　问题分析及重要性评估

序号	大类	小类	具体描述	重要性
2.1	采购部部门内现状分析	工作量	工作量的现状及优化建议	★★☆☆☆
2.2		内外部沟通	内外部沟通的现状及存在问题	★★★☆☆
2.3		员工培训与发展	通过开展相关培训，提升员工的专业能力及工作效率	★★★★☆
2.4	BC与WH的交流与资源共享	采购制度/流程分享	以外派人员主题分享的方式进行	★★★☆☆
2.5		供应商资源共享	1.双方国际供应商清单共享2.协作机制建立	★★★★★
2.6	采购部业务流程	满意度调查结果	以问卷、访谈的形式，发现采购流程中的可优化点	★★★★☆
2.7		供应商管理	供应商管理还处于建立成熟之中，存在一定的不足	★★★☆☆
2.8		需求管理	需求管理存在的问题	★★★★★
2.9		库存管理	库存管理存在问题及建议	★★★★☆
2.10		IT系统问题	IT系统运作的不稳定及出现的问题	★★★★☆
2.11		其他	在访谈中收集到的其他问题	★★☆☆☆

资料来源：内部材料

通过上述三种方式综合判断各种差异点，本着实事求是的开放心态，在理解尊重的基础上学习包容，才能更好的推动整合和变革，这是一种摒弃了先入为主、惯性思维的融合的解题方式。对项目推动者要求既要有专业的深度和敏感度，又要有横向牵引资源及人际协调能力。需要基于业务专业性的尺寸、火候的拿捏，也是平衡的管理艺术。加上匈牙利人本就具有的类似东方文明的谦逊气质（这点文化背景也很重要），使双方在整个整合过程中逐步磨合，渐入佳境。说到这里，除了上述组织诊断三个具体内容（对内瘦身、对外协调、内外融合），为了更好地推动组织诊断工作，还有哪些需要注意的方法技巧？下面具体介绍组织诊断推进的组织保障。

2.组织诊断推进的组织保障因素

笔者并不把高管的支持列入组织保障因素，而是把其作为组织诊断的前提条件。组织诊断工作必然是高管发起，其结果为高管服务对高管负责。很难想象在没有高管层许可的情况下，动这么大的阵仗。通过项目复盘，此次组织诊断项目的推进有五个组织保障因素，如图4-22所示。

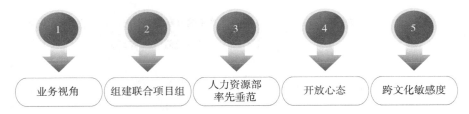

图4-22 组织诊断推进的组织保障因素

①业务视角。

尽管这次整合中的组织诊断工作是由总部人力资源部的HRBP牵头，但从上面介绍的组织诊断工作内容可见，这绝不是一个"纯粹"的人力资源管理项目，而是与业务强相关的复杂任务。一方面来自相关部门的业务专家甚至外部专家是必不可少的，另一方面HRBP们不能依赖业务专家，只做个传声筒，也要具备业务理解力，甚至在业务专家陷入思维局限时能跳出来看问题，提出创新性的业务意见建议，这是不容易的。得益于在国内HRBP接受过的类似业务理解方面的训练，此次顺利完成了任务。至于HRBP在收购整合中扮演的角色和作用，后面章节会专门介绍。

②组建联合项目组。

所谓联合项目组是由国内HRBP、国内业务专家、匈牙利HRBP或HR经理及匈牙利各部门业务骨干组成，以项目制开展工作，工作语言为英语。一方面，如果只用中方员工来做组织诊断肯定是推不下去的，无论什么样的工作产出，都相当于树了一个靶子，会被匈牙利员工不断质疑和诘问；另一方面，也是确保整个工作过程开放透明，我们只有阳谋，没有阴谋。大家可以有分歧，但目标是一致的，彼此相信出发点是好的。当然，这也对项目管理能力、语言能力、组织协调能力等都提出了很高的要求。

③人力资源部率先垂范。

组织诊断的成败关键在于得到匈牙利各部门负责人的支持，否则阳奉阴违，就不可能推动下去。而要让各部门管理者支持，除了动员项目的意义，不断沟通消除顾虑，关键还得有个标杆，类似"徙木立信"。人力资源部就需要起到模范带头作用，无论其是否愿意，都要刀刃向内，自砍一刀。其他部门管理者见有人带头，自然也只好跟上。日后我们做过的很多类似定岗定编、组织变革的管理咨询项目，都是从人力资源部作为切入点，还是屡试不爽的。

图4-23　关于变革

资料来源：网络。

④开放心态。

开放的心态表现在所有工作人员的真诚与实事求是上，而这两者都是需要勇气和胆量的。真诚表现在不盲目下结论、不惯性思维及刻板印象，勇于承认自己认知外的事情，虚心请教，包容接纳不同意见，是一种柔软。实事求是则又表现为一种刚性，刨根究底，很多时候，数据的相对准确性是通过执行小组反复提出疑问、沟通甚至"争辩"获得的，小组倾向于其成员具备变革意识和"强势"个性，能够深刻理解项目的意义，时刻保持"怀疑"并保持立场的公正。说着简单，而这"刚柔并济"实属不易。

⑤跨文化敏感度。

很多时候不是说你的出发点是好的，对方就会按你所想的去接纳你的好，去正面理解你的意图，在不同文化背景下，更是不一定。我们可以做的自以为足够的理解和尊重，然而不同国家的文化差异是客观存在的，不能只从自己的立场去想当然，除主动了解不同的文化差异、文化禁忌外，还要告诫自己时刻保持敏感度，避免"好心办坏事"似的不必要的误会。

前文提到的组织诊断时汇报的版本和与匈牙利管理者员工沟通的版本不一样，不仅是语言不同，内容也有增减。并不是有什么阴谋，主要还是因为拿不准措辞，说与不说，说到什么程度，到底是否合适。这本身也是跟中方高管汇报时的一个重要议题。

上述是BC公司并购案组织诊断工作笔者认为比较关键的保障因素。这里并不是说这些就可以在其他案例中复制使用，毕竟不同的项目有不同的背景、不同的侧重点和不同的复杂性。只是希望在这里建议不要只顾着"做什么"，具体"怎么做"才能落地往往更重要。这也是笔者多年从事管理咨询工作的职业习惯吧。希望大家能在不同的项目中提前规划识别项目成功落地所需的组织保障因素。一切还是从前文提到的第一性原理，从本质、逻辑、规律和人性出发。

综上所述，为期一年半的一系列取长补短、扬长避短、长短融合的组织诊断工作，对万华化学收购BC公司的深度整合过程中发挥了正向的意义，取得了一定收获：一是从降本增效角度、协同效应角度为公司经营上扭亏为盈作出了直接贡献；提供了不同的视角，在更细的颗粒度层面，佐证了中方管理者的管理判断，为下一步的管理举措提供建议参考。借用当时审计部负责人的话说，我们组织诊断报告中呈现的问题和建议，比审计部审的还要细致，这也是对该项工作的一种认可。二是锻炼了国际化人才队伍。HRBP、中方外派的业务职能专家、匈牙利业务骨干都通过实战，在该项目的推动执行过程中成长颇丰，为日后万华化学在其他区域的海外业务布局提供了国际化人力资源储备。三是更为重要的是树立了万华化学国际化管理的信心。敢于深度整合，敢于管理输出，并取得良好的效果，在中国出海企业中并不多见，更加印证了唯有整合，才能真正提高海外并购成功的概率。组织诊断工作只是万华化学整个收购整合工作的沧海一栗，与其他整合相关管理举措一道为其他中国企业的海外并购提供一定的参考性。

四、整合过程中HRBP的作用

不论是建机制、建抓手、组织诊断，都不仅是HR职能的事情，而是在HR牵头下涉及各个业务职能领域的联动（除此之外，也涉及纯粹HR职能领域的整合工作，如岗位职级、薪酬体系与总部的对接，当地管理者领导力的培养等）。由于整合项目中的工作敏感性，对参与人员的能力要求相对复合。而整合项目最初就是由HRBP团队主导推进的，在后期实际的推进过程中，HRBP团队也发挥了重要作用。整个过程所需要的能力体现为以下三点。

图4-24　HRBP的能力体现

资料来源：作者创作。

①懂管理、懂业务，推动变革。整合的核心之一是业务整合，HRBP

团队并非业务出身，但需要与各业务口人员沟通对接，发挥高效推动力，尤其是在诊断与问题解决阶段，要求HRBP能听懂业务语言，快速协调国内业务专家与BC公司人员有效沟通。

②在整合过程中鼓励与激励员工，发挥沟通桥梁的作用。整合过程充满了挑战，HRBP团队在整个整合项目推进中需要发挥政委及沟通桥梁的双重作用，及时掌握员工的思想动态，帮助员工克服在整合过程中出现的种种问题。

③传承公司愿景与核心价值观。整合项目对于公司的战略意义不言而喻，对于HRBP团队本身也是巨大的挑战。项目人员需要有坚定的信念和韧劲才能支撑整合和变革最终落地。

为发挥以上职能，对HRBP具体的能力也提出了更高的要求。在整合过程中，HRBP扮演至关重要的角色，他们需要充分地了解业务，具备专业的人力资源知识，并与业务部门建立长期的信任关系，以重构已知需求并引导未知需求。HRBP应当具备深厚的业务理解能力。在并购整合过程中，首先，HRBP需要深入了解母公司和被并购公司的业务模式、运营机制、市场营销策略等方面的情况及差异，以便更好地配合业务部门进行整合工作。通过了解业务，HRBP能够更好地把握企业的战略发展方向，对现有的人力资源进行合理配置和优化，以支持整合过程中的业务需求。其次，HRBP需要具备专业的人力资源知识和技能。在整合过程中，HRBP需要为企业提供人力资源管理方面的专业意见和支持，如人才盘点、薪酬福利设计、绩效管理等。同时，他们需要具备足够的跨文化管理能力和跨国企业管理经验，以应对不同文化背景下的人力资源管理挑战，确保员工的融合和文化整合。与此同时，HRBP需要与业务部门建立起长期的信任关系。在整合过程中，HRBP需要能够成为业务部门的合作伙伴，而不仅是人力资源管理者的角色。通过与业务部门的积极沟通和协作，HRBP可以更好地了解业务的需求，并从人力资源角度提供支持，确保整合的顺利进行。最关键的能力要求是HRBP需具备"重构已知需求，引导未知需求"的能力。在整合过程中，业务需求可能会发生变化，特别是在不同国家和地区的文化背景、法律法规、劳动力市场等方面存在差异的情况下。HRBP需要通过不断地与业务部门进行沟通和协作，重新认识和理解已知需求，并及时识别和引导未知需求，为企业提供创新的人力资源解决方案，以满足整合过程中的新需求和应对新挑战。

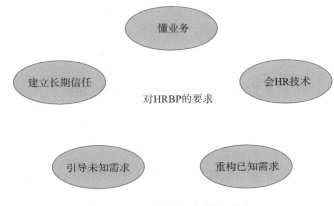

图4-25 HRBP角色核心能力

资料来源：作者创作。

前文仅详细阐述了人力资源管理和组织建设相关的工作，在整个整合过程中，除了人力资源管理相关的整合工作，还有财务、市场、生产、技术、文化等方方面面的工作，真正称得上全方位的整合。也正是有了这种壮士断腕、大刀阔斧的全面深度整合，才使一家老牌东欧化工企业得以起死回生，2014年实现盈亏平衡，2017年实现当年净利润5亿欧元，成为被哈佛商学院和北大光华管理学院争相采用的中国企业海外并购整合的典范案例。

表4-11 人力资源角度的全流程战略规划与工作计划

并购与整合项目目标：

从人力资源角度参与制订并购整合全流程的战略规划与工作计划。在尽职调查阶段评估标的物基本情况及并购过程中的风险点，并在并购后通过重新梳理组织架构、业务流程及管理体系，进行深度整合

主要工作内容	工具及方法	阶段性交付成果	预估时间
①尽职调查：从资格和价值创造、组织能力和领导力、绩效管理和劳动力成本三个维度进行调查 ②组织设计：根据并购后的战略需求评估，进行并购后组织架构优化 ③领导力提升：对并购后的领导层进行测评辨别，提供相关培训来提升领导力，从而对高管层核心人员进行保留 ④文化整合：根据并购后企业文化的诊断结果，编撰企业文化手册，进行企业文化培训课件制作，保证并购后企业文化落地 ⑤销售力整合：通过整合销售力战略，开展区域和客户分析，制订销售计划 ⑥人力资源职能整合：设计人力资源管控模式，进行相关流程设计，对人力资源职能进行整合 ⑦劳动力和招聘：深入理解目前状况，对并购后人才进行招募，提升员工工作能力 ⑧整体薪酬设计：搭建绩效体系，进行岗位价值评估及薪酬体系优化，搭建长期激励 ⑨法规遵守：对人力资源政策和项目进行研究，解决正式和非正式员工问题 ⑩制订并购各环节沟通计划，了解利益相关者的想法和需求 ⑪分季度对员工思想动态进行跟进，了解员工想法并进行收集整理汇报 ⑫在与员工进行沟通后，提示风险点，保证并购顺利推进 ⑬针对沟通技巧进行培训，提升人员能力	①全球和具体国家的信息收集清单与尽职调查核对清单 ②访谈及调研 ③人力资本扫描 ④组织评估核对清单 ⑤组织效能、组织架构模型 ⑥领导力提升培训 ⑦高管薪酬保留计划 ⑧组织文化评估量表 ⑨对立价值观模型 ⑩销售渠道分析 ⑪平衡计分卡 ⑫战略地图 ⑬岗位评估工具 ⑭薪酬分析	①全面尽职调查报告 ②重点尽职调查问题解决方案 ③交易风险点报告 ④企业组织架构方案 ⑤高管层盘点报告 ⑥领导力提升培训 ⑦销售战略模型 ⑧管控模式详细设计 ⑨绩效管理流程与制度性文件 ⑩绩效结果应用 ⑪岗位管理方案 ⑫薪酬设计方案及薪酬管理相关制度 ⑬沟通计划 ⑭员工思想动态档案 ⑮沟通技巧培训	16周

资料来源：作者创作。

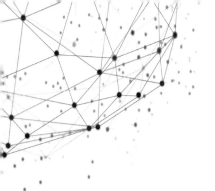

第五章

国际化人才培养

　　国际化人才是企业国际化发展的关键支撑，而国际化人才培养更是具有关键的意义。这不仅是为企业在国际市场竞争中获取优势、为国家培养未来的国际化管理精英，更是促进国际文化融合和世界和平发展的重要一环。同时，国际化人才培养是企业长期投入的过程，需要全方位的资源支持和长期的投入。国际化人才培养对企业的国际竞争力至关重要。随着全球化的发展，企业在国际市场的竞争越发激烈。拥有具备国际视野和战略思维的国际化人才，能够帮助企业更好地了解国际市场的发展趋势、客户需求和竞争对手，从而制定更合理的国际化战略、优化产品结构和营销方案，提高企业在国际市场中的竞争力和地位。国际化人才对企业的全球布局和管理至关重要。在企业海外扩张进程中，需要面对不同国家和地区的文化、法律、市场环境等多样性。国际化人才能够更好地适应多元化的文化背景，提高企业的全球化管理水平，协调跨国业务，协助企业在各国或地区实现有效的业务发展和管理运作。国际化人才对企业的创新能力和发展潜力至关重要。具备国际化背景和视野的人才，往往能够带来更多的创新理念和发展机会，促进企业内部的跨文化碰撞和思想交流，激发组织内部的创新活力，为企业的持续发展和成长提供更广阔的空间。国际化人才的培养对企业建立国际品牌形象和推动企业社会责任至关重要。国际化人才能够更好地帮助企业在国际市场中树立良好的品牌形象，以其独特的国际观念和跨文化视野，推动企业走向国际舞台。同时，国际化人才能够更好地理解和尊重当地文化，促进企业社会责任的落实，推动企业在国际市场中发挥更积极的社会影响力。

国际化人才的培养需要企业长期的投入和支持。培养国际化人才需要从教育培训、职业生涯规划、国际交流等方面进行全面的支持和投入。企业需要建立健全的国际化人才培养体系和福利待遇激励机制，提供学习和成长的空间与机会，为人才的培养和成长提供持续的支持。

万华化学的国际化战略除业务的海外拓展外，在国际化人才培养方面也在同步布局，经过多年沉淀，一批批具备国际视野的人才不仅支撑了万华化学的海外业务发展，对国内的管理优化也发挥了关键作用。

一、国际化人才培养成功的关键因素

图5-1　国际化人才培养成功的关键因素

资料来源：作者创作。

1.高层的战略耐心

人才培养对任何企业都是投入周期长、见效慢的工作，国际化人才培养更是如此。首先，没有成熟的经验可以借鉴，一切都是在摸索中进行，容错、试错成本高。其次，国际化人才培养的成本远高于常规的人才培养。最后，人才培养的效果一定不是立竿见影的，无法解决当下的很多业务问题。综合以上3点，国际化人才培养对高管层的战略耐心有极高的要求，所有的管理者都认为人才培养非常重要，但落到实处究竟愿意投入多少，当面临业务发展的种种难题甚至亏损时，是否仍能坚定人才培养战略，持续投入结果难料，所以战略耐心是国际化人才培养的首要因素。

万华化学高管层对国际化人才培养项目提出了关键目标。在三年内，万华化学要"走出去"，内部能够迅速组织出一支具备国际视野及海外工作能力的团队。同时对国际化人才培养项目给予足够的重视与投入。第一，国际化人才培养项目独立立项、独立预算，提供充足的成本投入；第二，对国际化项目三年内不进行结果考核，给予足够的耐心；第三，对国际化人才项目组开展的各项工作积极参与配合，给予足够的关注与重视。

2.有国际视野的运营团队

国际化人才项目对于运营团队本身有更高的要求。第一，需要具备人力资源管理专业能力，尤其在人才培养方面。第二，对国际化人才应具备的能力及评估标准的制定需要具备国际化格局。第三，国际化人才培养需要海内外、行业内外多方面的资源协调，要求运营团队具备国际视野。

3.专业的工具和灵活的培养方式

第一，语言能力是基础，市场上针对语言的评估工具数量较多，实用性是关键。第二，国际化人才所需软能力，如跨文化、内驱力等标准相对抽象，评估难度大，需从海内外评估工具中通过综合的有效性评估进行选取。第三，针对国际化人才的培养不能局限于传统的人才培养方式，理论与实践的结合是关键，国际化实践的方式，如海外实习等需要相对灵活。

4.国际化人才管理机制的建立

鼓励国际化人才发展除建立系统的培养机制外，还需配套发展机制和福利机制，包含人员晋升、薪酬福利及外派政策体系等。建立完善的国际化人才管理机制。

二、国际化人才管理机制的建立

在常规人才管理机制的基础上，考虑国际化人才管理难点。在制定与完善国际化人才管理机制时，需围绕"选得出""用得好""回得来"三个方面来回答以下问题，并根据答案制定配套的机制与管理方案，如表5-1所示。

表5-1　构建国际化人才管理体系：选拔、运用与回归全流程策略

国际化人才管理机制	关键输出
选得出	
如何进行海外劳动力布局 当我们设点派驻的时候，哪些岗位需要外派，这些人从哪里来 如何定义全球化人才？以什么样的标准来选拔合适的外派人员 如何有效建立全球化的人才储备体系	人才选拔标准（国际化人才能力模型） 人才库建设方案
用得好	
总部如何对分、子公司进行人力资源管控 在建立全球化人才体系中，如何兼顾领导观念、管理机制和选拔机制，才能有效考核并激励外派全球化专业经营人才 如何培养、发展外派全球化人才，以满足企业海外业务发展的需求	海外人力资源管控机制 国际化人才选拔机制 培养机制 考核与激励机制 薪酬与福利机制
回得来	
如何落实海外派遣员工的职业发展问题 如何为外派人员制定归国策略，并有效地延展、运用他们在海外工作的阅历和经验	国际化人才发展通道 外派人员回任制度

资料来源：作者创作。

1.选得出

支撑企业国际化发展的人力资源持续供应需要着眼当下更要着眼未来。明确关键岗位，明确是外部招聘还是内部培养，是海外招聘还是国内招聘。无论通过哪种方式，首先要明确内部的人才标准。

2.用得好

明确基于海外业务管控的人力资源管控机制，统筹明确国际化人才的选拔、培养、绩效与考核、薪酬福利等人才管理全流程标准。

3.回得来

很多外派人员会面临回国后没有合适的安置位置、发展空间不明确、发展受限等问题，影响员工外派的积极性。制定国际化人才管理机制时需明确人员的发展通道及合理的回任机制。

三、国际化人才培养体系

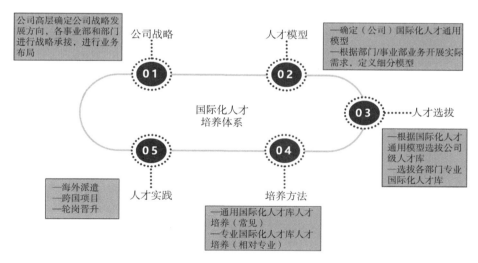

图5-2　构建企业国际化人才培养体系：从战略到实践的全路径规划

资料来源：作者创作。

1.公司战略

公司高层确定公司战略发展方向，各事业部和部门进行战略承接，进行业务布局。人力资源战略及人才标准都要基于业务需要，支撑业务发展。

2.人才模型

国际化人才模型是人才选拔的基础。在招聘、选拔的过程中既可作为人才评估依据，也是人才培养的标准。国际化人才通用模型的梳理需根据部门/事业部业务开展实际需求，定义细分模型。不同公司的国际化人才模型会有所差异，但经过总结、提炼，基本包括以下方面，如表5-2、图5-3所示。

表5-2　国际化人才模型构建：能力细分与评估标准详解

能力大类	能力细分	能力项	定义
硬能力	语言能力	英语能力	能够进行工作和日常交流，不影响沟通（托业/托福等）
		当地语言	学习基本的日常交流语言，融入当地文化
	专业能力	专业性	有很强的专业知识储备或行业内的佼佼者
		职业化	很强的职业精神，有感染力，愿意分享传授
		绩效好	近几年绩效表现优秀
软能力	跨文化适应能力	开放包容	敢于尝试新事物，提出新想法，包容他国文化和习俗
		自信乐群	自然大方，善于社交；主动了解并融入当地生活文化
		协调能力	有效协调资源，攻坚克难、有效完成工作
	内驱力（外派动机）	主动性	不等不靠，主动开拓业务、承担责任，开疆拓土的精神
		坚韧性	在遇到挫折后能快速复原，并从中获得发展与成长
		文化认同	对公司文化和中国文化深深认同，传播公司和中国文化
		自我管理能力	自律、尽职尽责；不断学习，自我提升

资料来源：作者创作。

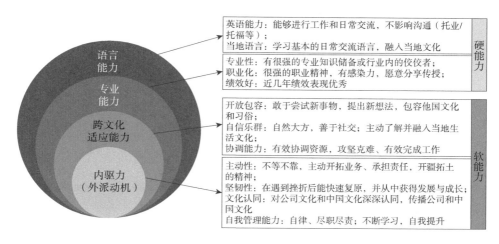

图5-3　国际化人才核心能力框架：软硬技能的综合评估

资料来源：作者创作。

3.人才选拔

根据国际化人才通用模型选拔公司级人才库，选拔各部门专业国际化人才库，选拔流程如图5-4所示。

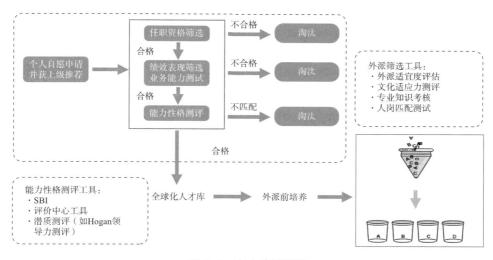

图5-4　人才选拔流程

资料来源：作者创作。

①首先由个人自愿申请并获上级推荐，相继通过任职资格筛选、绩效表现筛选及业务能力测试，合格后进行能力性格测评。

②能力性格测评工具的选择：常用工具有SBI、评价中心工具、潜质测评（如Hogan领导力测评）。

③通过能力性格测评后的人员进入全球化人才库，进行系统化培养。

④国际化人才库中的人员在外派前除外派培养外建议进行外派前的筛选，常用的选拔工具有外派适宜度评估、文化适应力测评、专业知识考核、人岗匹配测试。

4.培养方法

根据培养能力项的不同，选择不同的培养方式。国际化人才培养方式的核心有两类，即培训与实践，如图5-5、表5-3所示。

（1）培训。针对相对通用的硬能力要求、标准，提供培训课程，搭建系统的培训课程体系。

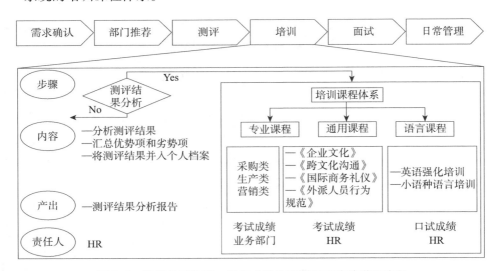

图5-5 培训体系构建：从需求确认到课程实施的详细流程

资料来源：作者创作。

118

表5-3　专业、通用与语言课程概览

课程分类	课程内容
专业课程	采购类、生产类、营销类
通用课程	《企业文化》《跨文化沟通》《国际商务礼仪》《外派人员行为规范》
语言课程	英语强化培训、小语种语言培训

资料来源：作者创作。

（2）海外实践。国际化人才的很多核心能力项是软性的，难以通过培训有大幅提升，实践是国际化人才培养的关键，而实践的关键是打造真正的国际化环境与氛围，分为"走出去"与"引进来"两种方式。

"走出去"即通过外派员工的方式，让员工在真正的国际化工作环境中提升能力。海外实习项目的关键点在于不允许派往万华化学现有的海外分支结构，而是通过其他渠道找到其他雇主并实习机会；地点分布上则欧洲尽量不在同一国家，美国这种国土面积大的国家也尽量不在同一个州。这种安排主要是为了避免中国员工扎堆，对实习效果无益处。无论是哪种外派形式，外派过程中的系统化管理尤为关键，以提高外派成功率。相较于"走出去"，"引进来"是万华化学的创新性做法，即通过引进海外实习生在国内为员工模拟国际化工作环境，对于语言、跨文化等能力的提升是兼具有效性和性价比的方式，如表5-4、图5-6所示。

表5-4　国际化人才实践培养方案：海外实习、外派与项目支持的多元途径

实践方式	具体方式	培养内容	备注
走出去	海外实习：派公司员工到海外学校/雇主进行实习	拓展国际视野 学习跨文化知识 拓展项目资源 收集行业信息	海外实习渠道：爱因斯特、Cultural Vistas、美国单独的大学

续　表

实践方式	具体方式	培养内容	备注
走出去	发展型外派：作为公司正式海外派遣人员，派遣到海外分支机构进行外派锻炼	锻炼海外业务能力 学习跨文化知识 拓展国际视野	一般外派期限2年以内，6～12个月居多。外派待遇上，可以单独定，参照正式外派或稍微减少
	海外出差/项目：为完成公司海外任务/项目，到海外出差锻炼	完成海外业务 开展/支援海外项目	国际出差/项目锻炼能有效提高海外业务能力和跨文化适应能力，出差时间一般有补偿，一般控制在3个月内
引进来	外国实习生/员工帮带	公司可以定期引进海外实习生/交换生来实践 如果有招聘需求，可以直接招聘外籍人员到国内工作 公司指派中方员工一对一实习生或者外籍人员进行辅导带练，提高自身语言、跨文化沟通等能力	可通过海外实习渠道招聘

资料来源：作者创作。

图5-6　跨文化管理能力培养：企业内部"陪练式"国际化人才发展项目

资料来源：作者创作。

"走出去"和"引进来"两种方式都具备明显的优劣势，企业需根据自身的国际化发展规划和所处阶段选取适合的方式，全面规划，如表5-5所示。

表5-5　"走出去"和"引进来"的优劣势比较

实践方式	优势	劣势
走出去	人才培养效果最优 人员成长速度较快	培养成本高 学习机会较少，人员覆盖面较窄 外派人员的安全管理需要投入更多精力 对外派人员能力要求较高，有一定的失败概率
引进来	直接培养了企业所需内部国际化人才（满足企业迫切需求） 培养一批高价值并热爱中国的年轻外籍精英人才，推动国际合作 成本低 在企业内部为有潜力的员工，提供一个国际化"陪练式"的跨文化管理能力和实战经验的培养环境	对外籍人员的管理有一定复杂性 外国实习生与中国员工之间的合作需要磨合

资料来源：作者创作。

十年树木，百年树人。国际化人才培养的复杂性决定了它一定是一件需要长远规划、持续投入、见效较慢的规划，非常考验企业上下的战略耐心，但作为企业国际化长远发展的基石，当企业明确国际化发展战略时，就需要同步开始国际化人才培养的布局，以便为公司的海外业务提供必不可少的人力资源支持和储备。

四、项目主体框架

项目主体框架如图5-7所示。

图5-7 项目主体框架

资料来源：作者制作。

（1）框架说明

基于项目完整性思考，经过海外HR团队多番讨论，形成初版能够顺利实施的项目结构。

（2）项目实施基本线

①潜力人员盘点。与各部门管理者进行"一对一"访谈，高效直接获取部门管理者对于国际化理解信息、业务及人员规划理念和真实有效的培养需求。

②识别和测评。通过部门访谈汇总后的名单，依据名单进行个人基本信息校对（包含历年绩效、托业成绩等）；依据整理后的名单（名单样式请参考附件1）进行跨文化能力测试，有效进行高潜力人员识别。

③模拟工作环境。模拟工作环境作为项目的主要培养手段，主要包含员工海外外派培养（为员工提供海外不同雇主进行实地实习工作），以及海外实习生接收（接收各国实习生为员工营造多元国际化工作环境）。

④跨文化培训。根据国际化人才能力需求进行有针对性的跨文化能力提升培训课程，如跨文化思维开发、商务礼仪、跨文化团队管理、虚拟团队合作等。

⑤实战经验。经过语言、文化等综合能力的提升，结合公司业务发展

对人员的需求，给予人员海外实战经验。

表5-6　构建企业国际化人才培养体系：从标准制定到实践培养的全面策略

国际化人才培养体系项目目标： 明确国际化人才能力标准、责任与使命，制定各层级统一的国际化人才标准，搭建国际化人才标准模型；基于国际化人才模型，通过测评工具与盘点访谈等手段，评估员工国际化能力现状，为海外业务发展及人才管理提供数据支撑；以培训、实践为主要措施，建立符合国际化事业本部需求的国际化人才培养体系，让员工提前进入国际化工作状态，适应工作节奏，同时提升员工的国际化业务能力（专业、语言），促进工作热情，愿意"走出去"			
主要工作内容	**工具及方法**	**阶段性交付成果**	**预估时间**
①通过中高层、外派/储备外派员工访谈，了解国际化人才标准、要求、建议 ②明确人才标准，确定国际化人才模型 ③设计人才盘点方案，针对国际化人才能力选拔标准提供选拔工具的建议 ④对企业现有国际化人才能力进行盘点，明确人才现状，定义全球化人才层级及培养对象，形成人才盘点报告	①国际化人才模型 ②人才画像 ③人才测评 ④人才访谈 ⑤九宫格 ⑥数据分析	①分层级的国际化人才标准模型 ②人才测评结果 ③国际化人才盘点报告 ④国际化管理者培养方案	16周
主要工作内容	**工具及方法**	**阶段性交付成果**	**预估时间**
⑤结合人才选拔标准、能力模型，确定国际化人才培养形式，制定完整的国际化人才培养方案，主要包含培养目的、培养形式、培养流程、培养实施计划及相关细则等内容 ⑥基于国际化事业本部的国际化业务情况（区域、人员分配等）	⑦典型成长路径分析法 ⑧领导力培养方式	⑤国际化人才培养方案 ⑥国际化资源	16周

资料来源：作者创作。

附件1：国际化人才培养项目操作手册（节选）

第一部分　项目介绍

项目背景

依据2015年时任总裁提出的"引进来，走出去"的国际化人才培养方针，对人员的培养形成高效双向培养机制。

公司全球化发展的步伐加快了对于能够胜任跨文化环境工作的潜力人员的需求。

结合以往派出人员经历，不乏失败案例（缺乏基础跨文化思维能力、不能顺利度过culture shock等）。

各业务部门，在业务全球化发展的背景下产生了提高语言能力、深入了解对方国家文化的需求。

2015年HR启动国际化人才培养项目，储备具备合格跨文化综合能力的人才。

项目目标

通过项目有效收集各部门、各装置的关键发展人员信息，同时便于日后重点关注思想动态。

通过项目测评工具，有效识别其中高潜力人员，形成潜力人才库，成为后备积累资源。

有效识别高潜力人员的能力短板及个人发展需求，形成沟通渠道。

有效支持公司海外招聘工作。

第二部分　项目操作说明

潜力人员名单（国际化人才库名单）：

根据现有名单于11—12月份与各部门管理者进行国际化人才培养项

目访谈，根据管理者对于名单人员的增加意见进行名单调整。(预备材料：访谈提纲/PPT、部门托业成绩)

人员入库规则：

托业成绩尽可能达到700分。

3年绩效成绩平均3分及以上。

业务需求

美国项目组、海外外派培养人员、海外实习生导师必须加入库。

若部门管理者推荐人员暂时没有托业成绩，可先行入库；HR随后及时跟催人员尽快参加托业考试。

测评与识别

测评方式：测评包含口语测试、跨文化能力测试。

口语测试：口语测试选用的测试工具为International Language Test，测试包含网络问卷及口语测试。

跨文化能力测试：跨文化能力测试选用的测试工具为ICUnet-IFID(Inventory for Intercultural Development)。IFID根据测试能够为每一位参加测试的人员提供关于17项在国际语境中运用的跨文化能力的独立评测数据。

通过口语测试及跨文化能力测试得出的数据报告进行国际化人才库名单数据更新，并向相应部门管理者沟通汇报。

模拟工作环境

模拟工作环境：公司为员工创造模拟工作环境主要通过员工外派培养及海外实习接收两大渠道。

员工海外外派培养(爱因斯特和Cultural Vistas)：目前员工海外外派培养的主要渠道为爱因斯特和Cultural Vistas。这两个组织分别为公司提供欧洲和美国方面的雇主。

海外实习生接收（爱因斯特和美国）：目前海外实习生招募主要通过爱因斯特及海外HR模块自行从美国学院招募。

员工海外外派培养具体操作事项

员工海外外派培养主体流程

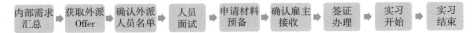

步骤分解——内部需求汇总

汇总时间：前一年度11月至本年度1月。

汇总方式：国际化人才培养项目访谈，此部分内容是部门访谈中必须包含的内容。

汇总内容：通过访谈汇总部门下一年度计划外派的名额，计划外派的人员，预期外派的企业类型/岗位类型，预期外派时间段。

步骤分解——获取外派Offer

获取方式：爱因斯特年会。每年一季度参加爱因斯特年会（每年度1—2月），现场筛选契合业务部门的实习Offer。

步骤分解——确认外派人员名单

确认方式：一般情况在3—4月份，爱因斯特中国会将年会上换到的Offer进行汇总分拨，将万华化学的Offer进行反馈。收到具体Offer后，根据Offer专业与各业务部门管理者沟通确认派出人员。

确认人员过程中，要注意强调选人的原则，保证人员派出学习有价值、有意义。（备注：①年会期间看到合适的Offer可以随时标记和告知爱因斯特人员；②在与各部门进行人员确认时，可以寻求HR代表的协助以便更快速地确认人员）

步骤分解——人员面试

具体事项：与各部门确认完派出人员后，组织人员与爱因斯特中国进行基本的语言沟通、面试，可以使用视频面试。

爱因斯特中国联系人为×××，负责协调组织面试相关事宜，联系方式为×××。

步骤分解——申请材料准备

申请材料为爱因斯特提供的统一使用材料包，申请人员需按照材料要求进行准备，并按照要求进行电子版材料编辑。

材料包中要求出具的成绩单原件，需要员工联系原学校获取，成绩单需要中英文版；若校方无法出具英文版，可由员工自行翻译再由校方加盖印章。

材料包中要求的推荐信：（a）可由员工目前的直线领导编写，内容要注意员工的岗位为实习生。（b）可由之前校方的导师编写。

材料准备完整后，由HR将电子版文件发送给爱因斯特中国，向各国雇主申请岗位。

步骤分解——确认雇主接收

申报材料发送给爱因斯特中国后，需要4～8周等待各国雇主的回复。

收到雇主回复的3种情况：

①同意接收：签署培训协议，准备签证申请。

②需要后补材料：按照雇主要求，准备后补材料并等待雇主回复。

③拒绝接收：爱因斯特中国会积极与雇主沟通，确认拒绝原因；同时会协助重新申请。

步骤分解——签证办理

收到雇主确认接收的回复后，可以开始进行签证申请。各个国家的签证申请规则不同，具体参考各个国家的使馆网站。

申请签证产生的差旅和办公费用由员工先自行垫付，后期由HR统一收集处理。

在申请签证过程中，需要公司出具的相关材料，请随时联系HR负责人，确认员工可以开始申请签证后，可以对员工开始进行出发前的口语测试。口语测试必须在出发前完成。

确认员工可以开始申请签证后，HR需要协调相应的管理者与其外派培养员工共同讨论制定海外实习期间的任务、目标及专项研究课题。

步骤分解——实习开始

实习管理方式：目前对于海外外派培养员工在海外实习期间的管理方式主要有语言测试、双周实习报告、专题研究、调查问卷、归国总裁汇报会。

口语测试：口语测试会在员工出发前和回国后进行。完成测试到获取成绩一般需要2周。

双周实习报告：海外外派培养的员工需每两周准时向HR反馈实习报告。

专题研究：员工在出发前需要与直线经理讨论确认在海外实习期间需要完成的研究课题。

调查问卷：每位员工需要完成不少于50份的调查问卷。

归国总裁汇报会：汇报内容需包含自身的收获及专题研究内容、调查问卷内容。

步骤分解——实习结束

口语测试：员工归国后需告知HR，HR组织口语测试。

部门分享：针对自身的实习情况，在部门内进行分享。

总裁汇报会：汇报会一般安排在12月最后一周，可以协调外派人员所在部门的管理者参加。

海外实习生接收具体操作事项

海外实习生接收主体流程

完善岗位说明书 ➡ 用人计划 ➡ 简历甄选 ➡ 确定实习人员 ➡ 实习生报到 ➡ 过程管理 ➡ 结业

步骤分解——完善岗位说明书

部门访谈：访谈时间安排在11—12月份，与各部门管理者汇报沟通本年度部门的国际化人才培养情况同时收集下一年度的需求信息。

需求信息汇总：根据业务部门反馈的需求信息，进行信息整理，生成海外实习生的岗位JD（JD包含实习部门信息、实习工作内容、对实习生的专业要求、技能要求等）。

与爱因斯特沟通需求：将汇总完成的JD信息与爱因斯特进行沟通说明，告知本年度公司的海外实习生需求。

步骤分解——用人计划

根据业务部门访谈及JD编写情况，最终确认下一年度的海外实习生用人计划：部门分布情况、用人数量、用人时间、专业要求、技能要求等。

将用人计划汇总并熟练掌握后，参加1月爱因斯特国际年会进行Offer交换。

步骤分解——简历甄选和确认实习人员

一般情况在4—5月份，爱因斯特中国会将各个国家提交的申请简历反馈。

根据汇总的简历，针对不同岗位和部门进行分配，与各个接收部门进行简历甄选沟通，确认部门的接收结果。

将业务部门的接收结果进行汇总，反馈至爱因斯特中国。爱因斯特中国负责通知各个国家简历甄选结果并支持签证申请。

在与业务部门沟通过程中，将部门的国际化人才库名单及上一年度实习生管理情况与部门管理者汇报沟通。沟通过程中需确认实习生的导师人选，人员可从人才库中选取。

步骤分解——实习生报到流程

在确认接收结果后，需要对爱因斯特中国提醒：海外实习生航班尽量避免晚间航班与公休时间段到达。

6月初爱因斯特中国会将确认的海外实习生的具体航班信息反馈。

将相应的航班信息告知对应部门的Mentor，由Mentor安排接机事宜。

Mentor要在收到航班信息后，提前与实习生展开交流，互相沟通工作期望与内容安排。

实习生到达一周内，Mentor需完成海外实习生在实习期间的工作安排。

步骤分解——过程管理

Orientation for Mentors

本次会议需向导师说明项目的基本情况及运行流程，将项目理念向导师进行初次的宣讲并对导师说明项目期间的成长目标和工作任务，同时可以邀请前一届的导师进行经验故事分享（会议内容模板可使用实践学院模板）。

Orientation for Interns & Mentors

本次会议讲解对象为导师和实习生，会议中需将项目进行简要说明，主要对实习生进行管理政策的宣讲，以及对实习生工作任务和目标的设定进行说明。

问题分析小组

每年度结合人力资源代表的协助，在公司内部收集问题（问题形式不限，可以是部门内/部门间、技术类/运行类等问题），形成问题清单以便实习生与导师小组进行问题选择。

完成问题选择后，各小组制订自己的小组行动计划，根据时间节点进行会议。HR需参加会议，对质量和方向进行把握，同时可以邀请相关部门进行问题说明或对报告提出优化意见。

针对进行过优化的最终报告，经过2～3次的彩排，把握汇报节奏和整体时间。

与相关总裁预约时间，进行汇报。

汉语课

为了给导师与实习生提供更多的接触机会，保证导师在口语方面的能力提升效果，每名实习生到岗后，当期导师与上一期导师将按照课程安排为实习生提供汉语课，频率为每周1～2次。

跨文化活动

目前能够为实习生提供的跨文化活动为茶艺品赏及功夫课程。供应商为××茶话会，需提前一周预约场地，讨论场地安排。

LEPA Program E-book

LEPA电子书是实习生在实习期间必须完成的内容，按照时间段进行内容填写和记录，记录自己的contribution及成长。

毕业典礼

每年12月底，根据总裁时间安排，HR都会为实习生安排一次毕业典礼，实习生就个人的实习内容进行总结和汇报，汇报时要求导师作为翻译。

Intern and Mentor Report

实习结束前，实习生和导师都必须完成各自的报告。

问题集锦

海外实习生来中国建议申请哪一类签证？（F签与X签的区别与后续影响）

答：建议海外实习生来中国统一申请F类签证，后期签证延期可以按照F类顺利延期；X类签证在后期签证延期中会出现问题，必须要将X签转换成F签，同时延期的时间也较短。

如何处理海外实习生实习延期问题？

答：如果有海外实习生要求进行实习延期，应先与其所在部门的导师与管理者进行沟通（实习生的工作表现、主动性如何等），通过沟通了解实习生的延期动机及所在部门的意愿。若实习生表现一般则不建议延期。

如何处理海外实习生签证延期问题？

答：需要准备的材料：（a）护照、签证复印件；（b）单位公函（外国实习生签证延期申请），用抬头纸打印，盖公章；（c）境e通打印的申请表（外国人要延期签证，需要提前在境e通中录入他的信息，可向本人发送general information的文档进行收集）；（d）营业执照副本复印件、组织机构代码证复印件（盖公章）。

海外实习生到岗后的门禁卡与餐卡怎么办理？

答：门禁卡与餐卡由HR统一办理，由服务中心同事帮忙在实习生办理入住的同时一并发放。

海外实习生的假期如何处理？

答：实习生享有5个工作日的带薪年假。

海外实习生的工资如何处理？

答：每月12日之前将实习生的考勤数据完成统计，发送给薪酬模板。薪酬模板税后发放到HR员工的工资卡上，由HR员工18/19日以现金形式进行发放。工资标准：本科生×××+×××（午餐补助）；硕士生：×××+×××（午餐补助）。

汉语课如何实施

答：为了给导师与实习生提供更多的接触机会，保证导师在口语方面的能力提升效果，每名实习生到岗后，当期导师与上一期导师将按照课程安排为实习生提供汉语课，频率为每周1～2次。新、老导师交替进行授课，关于授课安排，HR要提前完成课程表并到现场共同参加课程。

跨文化活动的资源和组织流程是什么？

答：目前能够为实习生提供的跨文化活动为茶艺品赏及功夫课程。供应商为×××。

需提前一周预约场地，若需要功夫课程，需提前告知×××，讨论场地安排。

需提前通过OA发起用车申请，当天车辆前往接送实习生往返。

海外实习生的OA权限如何申请？

答：海外实习生到岗后根据实习部门的需求/保密规定，由导师利用OA发起信息服务申请，为员工申请账号及相关业务流程权限。

海外实习生如何进行三级安全培训？

答：实习生到岗前，HR提前联系HSE部门同事为实习生提供安全培训。

电话卡如何办理？

答：实习生到达××，由导师带领实习生前往通信供应商处办理相应的电话卡。

海外实习生到达××的接机如何安排?

答:接机统一由实习生接受部门安排,原则上要求导师到机场接机,与实习生建立信任感,顺利开展第一步沟通。

海外实习生入住后押金与水电费如何处理?

答:实习生办理入住时需要自行缴纳入住押金×××元,押金会在退宿时凭押金单退回;水电费需实习生每月前往服务中心结算。

导师的主要职责是什么?

答:通过管理实习生提升个人跨文化综合能力;为实习生制订工作计划,研究课题,为实习生的实习负责,为个人的成长负责。

公司能否在实习期结束后为实习生续签签证?

答:不可以。公司不为实习生在万华化学以外的居留时间担保。

对实习生到中国的航班时间有什么建议?

答:实习生到达的航班时间请避免晚间航班以及公休时间。务必将此信息多次提醒××××告知实习生。

附件2:实习生管理手册

实习生行为要求

在实习生项目期间,每位实习生应该学习与其所在部门及工作环境相关的公司政策,并最大限度地遵守。对公司政策或同事/导师指示疑惑的地方应在相关方或万华化学实习生项目的管理人员的协助下解决。下述为部分相关政策列表。

工作规则、政策和要求

与导师和HR沟通方式

与导师沟通:

对于每一位实习生来说，其最主要的沟通与联系人是他的个人导师。导师应该向实习生解读政策，协调工作分配，帮助解决实习生遇到的各种困难。实习生应尽快记录其个人导师的电话号码及E-mail，并向其导师提供至少一种联系方式（手机号码或E-mail）。若联系方式发生变动，导师应及时知晓。

与万华化学实习生项目管理人员的沟通：

实习生可以在任何时候联系万华化学实习生项目的管理人员。他们会很乐意地帮实习生解决在万华化学期间遇到的任何困难，除非得到实习生的明确许可，他们不会透露实习生的任何信息。再一次强调，实习生应向万华化学实习生项目的管理人员提供联系方式，并在联系方式发生任何变动时及时通知他们。主要联系人为

（项目协调人1）

手机号码 或 E-mail：

（项目协调人2）

手机号码或E-mail：

工作安排

万华化学一般工作时间：

周一至周五：上午8：30至下午5：30，午饭时间为11：30到13：00。

特殊情况或某些部门的工作时间可能会不同于上述规定。请咨询实习生的导师以获悉工作时间。

上下班

万华化学在宿舍与3个可能的工作地点（万华化学股份公司、万华化学实业、万华化学工业园）之间提供班车服务。起初了解班车的班次和发车时间可能很难，因此，请确认实习生所乘坐的班车是正确的班车。对于

大多数的实习生，实习生导师将会在前几次陪伴实习生以帮助实习生尽快适应上下班流程。如果实习生导师没有时间，实习生可以指定其他员工陪伴。

工作政策

着装要求

万华化学没有着装标准，但是某些部门可能会要求实习生身着正装。如果实习生的部门要求身着正装，那么部门会将正装发放给实习生。在部门对正装不作要求的情况下，若实习生不知道哪种着装合适工作场合，可以参考周围同事的穿着。

安全

万华化学认为员工和合伙人的安全高于一切，为了保证实习生在万华化学的安全，每个人都必须遵守以下政策。

万华化学日常行为五要素：

上下楼梯扶扶手

乘车要系安全带

开车不接打电话

按要求佩戴劳动防护用品（PPE）

看到不安全的行为要制止

万华化学十大工作理念：

安全决不妥协

我的区域，安全我负责

每位员工都必须为自身和他人的安全负责

所有的事故都是可以预防的

安全是所有工作的前提

隐患意味着事故

隐患必须及时整改

良好的安全创造良好的业绩

安全是聘用的条件

心之所至，安全等随

中国工作环境小贴士

午休及相关政策

实习生每个月可以获得×××元的午餐津贴。午餐时间（11：30—13：00）实习生可以在公司的餐厅用餐。但是实习生也可以在午休期间离开公司返回宿舍或外出就餐。

饭卡——在公司餐厅用餐需要一张饭卡。实习生将会在实习期开始时拿到饭卡，并在实习生离开时归还。

迟到及缺席政策

迟到政策：

万华化学希望所有的员工和实习生每天能够按时上班。偶尔的迟到现象将会由实习生的导师和部门领导处置。若经常迟到，而且影响了实习生的工作能力，实习生将会受到惩戒。

缺席政策：

实习生禁止在没有提前告知导师的情况下擅自旷工一天，除非发生紧急状况。如果因为疾病、宗教和私人等原因缺席工作，必须提前24小时与实习生导师沟通。若实习生不方便与导师沟通请假缘由，可以联系HR，他们将会代表实习生协调请假事项。

在实习生请假期间，他/她将会被扣除当天薪酬（病假除外）。

病假

实习生在实习期内享有两天带薪病假。

工作成果记录/评估

两周反馈表

实习生每两周要填写实习生反馈表并上交其导师。该反馈表旨在帮助克服沟通障碍，帮助实习生和导师适应每天与来自其他文化同事的交流。这些表格只对导师和项目管理人员可见，除非得到明确许可，否则不会泄露。

导师评估表

除两周反馈表之外，实习生需要提交一份简短的导师评估表，该表格为保密材料，仅对项目管理人员可见。

实习生评估表

为对实习生的表现提供反馈，导师会提交一个两周实习生评估表。这个表格对实习生保密。此表的目的是让导师自由表达他们对实习生表现的看法，更好地帮助HR在未来对实习生与导师进行匹配。

实习生贡献记录

未来记录实习生在项目期间的成绩和贡献，实习生可以利用实习生贡献记录表来积极记录自己的贡献并传给HR，用于对实习生的评估。实习生贡献记录表中的信息用于展示实习生的成绩，且有可能被刊登。此表也会用在导师和/或万华化学领导给实习生的推荐信中。

提交实习生贡献记录：实习生应将他们认为值得记录的工作成绩记录在实习生贡献记录中并上交。对于实习生贡献记录，没有规定截止日期，但是实习生最好能在成绩完成的一个工作周内上交。

薪酬

实习生的奖学金按照如下办法发放

本科学生：×××RMB奖学金/月＋×××RMB午餐补助/月

研究生：×××RMB奖学金/月＋×××RMB午餐补助/月

请假情况下薪金的扣除办法同公司的相关政策，如下：

工作总天数/月＝21.75

（奖学金/月）/（月工作总天数－请假天数）＝应发工资

工作之外的生活

宿舍及相关政策

实习生将会被分到一个单人宿舍或双人宿舍（相同性别）。公司提供床上用品及其他基础设施。若实习生宿舍缺少一些必要物品，请联系实习生的项目导师寻求帮助。公司要求，在实习生入住期间，保持房间洁净，禁止破坏家具及其他物品。

政策

在实习生办理入住时，公司不会收取押金。

水电费将会在实习生离开时结算。双人间的水电费由两个用户平均分配。

进出宿舍区域需要使用门禁卡，我们将会在实习生到达之后发放给实习生。

休假

公司希望，实习生能在中国实习期间了解中国的文化和这个国家。为给实习生提供更多的时间了解中国，公司将会提供5天的旅行假期。每位实习生可以请假（a）一周或（b）两周用于旅行。

休假申请必须是书面形式，必须提前两周填写休假申请表。

休假时间不能与小组项目会议时间冲突。

休假时间不能与实习生项目结业仪式冲突。

医疗及紧急情况

如果发生医疗状况，请立刻联系实习生导师或项目管理人员寻求援助。

在紧急情况下，急救、火警、匪警联系方式如下：

急救服务：拨打 120

火警服务：拨打 119

匪警服务：拨打 110

导师

导师职责

担任导师是一个非常珍贵的机会。因此，每一位导师都应履行自己的职责，积极主动地给予实习生为部门作出切实贡献的机会。特别地，导师应该对以下事项负责：

向实习生介绍并解读所有所需的相关政策。

协调工作活动，定期检查实习生的工作进程。

与万华化学的安全政策一致，实习生的安全也是导师的责任。

在紧急情况下提供帮助。如果当实习生遇到紧急情况时导师不能提供援助，导师有责任寻找替代人向实习生提供帮助（原则上要先联系万华化学实习生项目的管理人员）。

项目完成

离职访谈

在实习期的最后一周，公司将会对每一位实习生和导师进行离职访谈。实习生和导师将会分别进行访谈，内容包括项目的个人经历、对项目的改善建议等。

期末报告

在实习期结束后，实习生应上交期末报告。

项目结业仪式

在实习项目的最后一周将会举行结业仪式，结业仪式上实习生要汇报他们的贡献及对公司的建议，与他人共同讨论他们的经验，并获得结业证书和推荐信。

项目结业证书和推荐信

在实习期结束后，如果实习生达到了要求并遵守协议，他们就会获得结业证书。实习期结束时会发放推荐信，但是推荐信的实际授予与内容由导师与部门主管决定。

附件 3：实习生工作安排

Intern On-boarding Induction Checklist				
Employee Name	Mentor		SBU/Function	
Joining Date	Name of Buddy		Work Location	
Item	Scheduled Date		Who	Completion Date
Training and Orientation				
1. Signing of documents	1st day			
2. Core value introduction	1st day			
3. NEO – Function/Business（Overview，Org，Vision...）	Within 2 weeks			
4. Job related training*（please insert row for more trainings）	Within 3 months			
Company Introduction	1st week			
Expectation on Quality Introduction	1st day afternoon			
Quality Metrics / Definition	3rd or 4th week			
Customer Complaint Handling Process	3rd week			
KPI / Quality Target	3rd week			
MOC Introduction	5th week			
RCFA Introduction	6th week			
HSE Introduction	2nd week			
European/Polish QM Related Law Collection - REACH				
QM Tools Training PPT&Training Course	General Introduction on July 24th			
5S Project - MDI QCD, PO QCD				
KPI Project (Core Quality Metrics) + SOP				
Group Project (Motivation in R&D Department)				
Top Executives Interview	After 2 months			
English Corner	start in August			
Cross Culture Communication	July 17th afternoon			
Personal Study Experience Sharing	July 10th afternoon			

续 表

Chinese Classes	2nd week		
Group Dinner	2nd week		
Spot visit - Spare Parts Inventory	3rd week		
Spot visit - PO plant	TBD		
Spot visit - Quality Control Department - MDI	2nd week		
Spot visit - Quality Control Department - Petrochemical	TBD		
Production Planning	3rd week		
RCM and TPM Experience Sharing	September		
Maintanance intergrity Sharing - RCM Training	August		
Weekly Reports			
LePA Electronic Book			
Networking and Socialization			
1. Office tour and team/peers introdution	1st week		
2. Department key contact information	1st week		
3. Connection with a buddy (optional)	1st week		
Progress Review/Communication			
1. Individual communication			
2. Internship review			
− 1st week	1st week		
− 4th week	4th week		
− 6th week	6th week		
− 11th/12th week	11th/12th week		

I declare that all the above items are completed and the records are accurate.

Mentor's signature _____   Intern's signature _____

Date _____   Date _____

Remarks:

*The job related training items are planned by Mentor, and includes business processes, products, application, technology, skills training, etc.

附件4：导师带教计划

姓名：		部门：		岗位：

总体学习目标：			

	工作内容	学习目标（学习到、了解到什么）	检验学习成果的标准
第一周			
第二周			
第三周			

注：

1.请给学生分配简单可操作的工作。

2.每周工作可具体细化。

3.分配工作时请抽出一点时间为学生解释这么做的目的和意义。

4.重点让学生感受、体验到在企业工作是什么样的，和学校学的内容有何区别，如何与实际结合。

5.了解万华化学的管理模式，有先进的、规范的或其他好的做法重点宣传，或让其简单参与其中。

附件 5：导师评价表

		导师综合评价维度评分	
	评价维度	解释	评分
A	思维能力（相关岗位）	胜任该岗位的思维方式，思考问题的思路	
B	专业素养	专业知识掌握程度及运用能力	
C	沟通表达	倾听他人、语言表达、说服引导、认同接纳	
D	团队合作能力	包容成员、获得支持、互补互助、资源共享	
E	学习能力	快捷、简便、有效的方式获取准确的知识、信息，并将它们转化为自身能力	
F	组织协调能力	计划布置、组织分工、人员协调等活动的能力	
G	心理素质	心理应变、承受挫折、调适情绪、控制行为的能力	
H	创新能力或创新意识	以现有的思维模式提出非常规思路的见解，利用现有的知识和物质在特定的环境中改进或创造新事物	
I	适应能力	为了在环境中更好地生存或发展而进行的心理上、生理上及行为上的各种适应性改变和调整的能力	
J	主动性、积极性	对任务具有自主能动性，有自我成就动机、能够自我激励	
K	坚韧性	坚忍不拔的毅力、顽强不屈的精神，克服一切去执行决定	

评分满分10分，5分为平均水平（请考虑被评价者为学生，且年级不同）

例：3分为低于同等群体70%，7分为高于同等群体70%

研发：总分 $=A \times 1.5 + B \times 2 + C \times 0.5 + D \times 0.7 + E \times 0.8 + F \times 0.5 + G \times 0.7 + H \times 1 + I \times 0.7 + J \times 0.8 + K \times 0.8$

生产：总分 $=A \times 0.8 + B \times 1.5 + C \times 0.6 + D \times 0.7 + E \times 0.8 + F \times 0.6 + G \times 0.7 + H \times 0.5 + I \times 1 + J \times 0.8 + K \times 2$

销售：总分 $=A \times 0.8 + B \times 0.4 + C \times 1.5 + D \times 0.7 + E \times 0.8 + F \times 1 + G \times 0.8 + H \times 0.8 + I \times 1 + J \times 1.5 + K \times 0.7$

财务：总分 $=A \times 0.9 + B \times 1.5 + C \times 1 + D \times 1 + E \times 0.8 + F \times 0.8 + G \times 0.8 + H \times 0.8 + I \times 0.8 + J \times 0.8 + K \times 0.8$

HR翻译：总分 $=A \times 0.9 + B \times 1.5 + C \times 1.2 + D \times 0.8 + E \times 0.8 + F \times 0.8 + G \times 0.8 + H \times 0.8 + I \times 0.8 + J \times 0.8 + K \times 0.8$

如发现实习过程中出现可能影响对其诚信、正直等因素判断的现象，需重点关注，并根据实际情况判断，在此不作评分要求

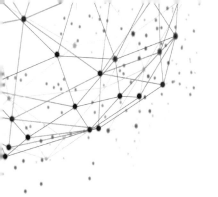

第六章

海外派遣人员管理

在海外拓展业务过程中，经常困扰企业的一个很重要的问题是如何在海外排兵布阵，是任用在国内有良好业绩的人员还是重新招聘有海外经验的人员，抑或是在海外招聘当地员工。在实际操作过程中不同方式均有失败与成功经验，并没有放之四海而皆准的原则，这里需要综合考虑业务类型、业务发展阶段、内部人员情况、目标国用工情况等。而员工外派作为初始阶段最常用的用工方式，其优劣势也非常明显。

员工外派一般针对管理、技术、营销等关键岗位，外派员工对企业文化和组织身份的认同度较高，磨合适应成本低，方便业务战略及公司制度的落地推行。外派人员一般担任相对重要的岗位，所以一旦外派失败，负面影响也较大，造成业务推进困难甚至人员流失。与此同时，外派人员的外派及安置费用等导致成本较高。中国出海企业中华为是人员外派较为成功的案例，华为在全球的业务开发都以子弟兵为主，每年会有大量的人员外派。出海企业学习华为却难以复制，主要有两点核心原因：一是华为多年的海外业务开发经验形成了"四海为家"的企业文化；二是拥有以大量成本投入为基础的完善的外派政策。

对于业务及管理还处于初期阶段的企业来说，需要实现的目的是在有限的成本投入内，选出合适的外派人员，通过机制设置最大化地保证外派的成功率。

一、前期人员外派常面临的挑战

图6-1　外派前期挑战解析：人员选拔、政策规范与管理优化

资料来源：作者创作。

1.外派人员的选拔和管理随机化

企业出海早期的海外派遣更多的是业务驱动，派谁去、派几个、标准是什么，都由业务部门及分管领导决定。一般人力资源部参与较少，也较少有专门的机构和人员对海外派遣人员进行管理，外派人员由各业务部门直接垂直管理。这势必会导致选拔的标准不统一，更多的是依据在国内的绩效表现情况，很难去实际评估海外工作环境与国内的差异及相应的能力要求的不同。

同时，由于缺乏统一归口管理，在涉及外派待遇、家庭安置、任期与回任安排等工作时，业务部门也没有相关权限决定。外派人员的归属感不强，更多的是在海外独立开展业务，而对其在海外面临的实际问题，往往得不到及时的反馈和处理，公司也没有相关问题的处理方案和相关制度，更没有具备相应能力的专人去处理，很多问题被一再搁置。随着海外业务的拓展，外派人员数量不断增多，随之而来的各种管理问题也就层出不穷，甚至影响外派人员的士气和工作的开展。

2.外派政策不够规范，"一刀切"导致部分艰苦地区的人员派不出去

与外派人员的切身利益最为相关的就是外派补贴政策，如发多少？是为了补贴生活成本差异还是允许有一定激励性？不同的地区是否有差别？艰苦地区与国家是否有额外补贴？发当地货币还是人民币？除此之外，还有与家庭子女相关的问题，是否允许家属随行？子女在当地上学怎么办？不带家属的多久回来探亲一次？还有合规性的问题，如工作签证的办理、全球收入征税，当地的法定社保养老金缴纳与成本扣除，甚至外派人员薪酬与当地人员薪酬的关系等深层次管理问题都需要有明确的、细致的、符合实际情况的制度约定。在开始阶段企业的外派政策很难覆盖所有问题，很多时候国内的政策制定者甚至管理者对海外人员面临的一些问题很难共情，不认为是问题，这也就直接影响外派人员的士气，甚至导致很多地区的外派岗位无法派人。

3.外派失败的案例时有发生，海外派遣人员的思想动态把握滞后

所谓外派失败指的是因个人问题提前结束外派，或者外派人员的流失。有的是因为期内绩效表现没有达到预期，有的是因为职业生涯规划，有的是因为家庭。

绩效未达到预期的原因主要有两点，对于跨文化环境外派的人员来说，在新的文化环境下，自身首先需要理解和适应文化差异，让当地人了解我们的民族文化，同时又要推行企业自身的文化，尤其对于外派的管理人员来说，文化的适应性很大程度影响其绩效。对于外派的技术或者职能管理人员来说，很多时候业务宽度决定了其绩效成绩。海外的组织架构设置及职能配置很难做到像国内一样完备，对人员的要求更是多专多能，原本在国内负责一两个模块的人员被外派到国外可能要对接全模块的工作，

而且很多时候在国内是很难做好完全的预判和准备的，加上海外工作的复杂环境，难以达成预定的绩效目标。

外派人员的回任安置是外派人员流失的关键原因，一般选择外派出国的人员在国内都担任着关键岗位，不能出现长期空缺，在外派人员回国后会面临没有合适岗位安置的尴尬局面。如果长期缺少相关的机制设计，在派出前缺少相关的说明也会导致外派困难。

家庭因素也是很多外派失败的重要原因，与家庭长期两地分居，如果遇到外派期限不明确，更容易产生问题。以上问题相对常见，可以说是外派人员难以避免的问题。随着越来越多的企业外派政策的完善，很多外派政策支持家属随行，尤其是长周期的外派，很多员工子女在当地读书，这也导致了另外一些问题出现，很多关键人才因为子女教育问题回调困难。

无论何种原因，现实情况是企业往往都是事后才知晓的，一方面造成了人才的流失和浪费，另一方面也对业务开展造成被动。这也是"重业务，轻管理"的典型反映，业务部门更关注业务的开展，人力资源部又没有专门的力量去关注这部分人群，缺乏对海外派遣人员的思想动态的把握，往往只能事后管理。

二、建立包含派出前管理、派出中管理、回任和轮岗管理的闭环管理体系

针对人员外派可能面临的种种问题，关键是针对外派全流程建立管理机制及沟通机制，完善相关管理制度。完整的海外派遣管理体系首先应该是外派人员的全周期闭环管理：从人才选拔到派出前、派出中再到回任管理，有完整的管理体系和流程。派出前侧重有目的的选拔和培养，为派出决策提供依据；派出中侧重外派政策的实施落地和思想动态的把握；回任

管理更多的侧重职业生涯规划。其流程如图6-2所示。

图6-2 全周期闭环管理：构建完善的外派人员管理体系

资料来源：作者创作。

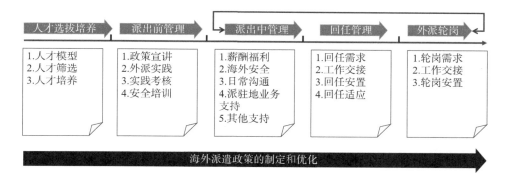

图6-3 外派人员全流程管理策略：从选拔培养到回任轮岗的综合性指导

资料来源：作者创作。

企业出海发展的各个阶段，对外派人员的选择都有或显性或隐性的标准，随着海外发展战略的确定与推进，选拔标准也需要逐步清晰与明确，这与第五章中提到的国际化人才培养中的选拔标准相呼应。与选拔标准相匹配的还应有相应的培养体系，随着国际化人才培养体系的完善与一段时间的积累，基本可以实现在人才库中选拔出合适的外派人员，个别业务部门需临时安排外派的人员，也可实现快速的体系培训。

外派政策宣讲	外派实践	实践考核	安全培训
1.外派纪律 2.薪酬福利待遇 3.考核汇报关系 4.调岗和回任	1.海外商务出差 2.海外项目锻炼 3.派驻地试岗	1.内驱力 2.跨文化适应性 3.业务能力 4.语言能力 5.提升潜力	1.派驻地安全情况介绍 2.公司安全联络人 3.公司聘请外部安全服务机构

图6-4 外派人员选拔与培养：标准制定与实践路径

资料来源：作者创作。

外派期间管理的重点在于外派政策的实施落地和外派人员思想动态的把握，外派相关政策需包含外派人员的薪酬体系及薪酬发放、外派期间的绩效管理、福利补贴标准、安全与保险等。外派政策的制定关键有两个原则，一是全球政策统一化与国别差异化的平衡，二是专人负责专项研究。全球外派政策的制定需要统一，但需要注意的是切忌"一刀切"，在原则一致的情况下，需要根据不同派驻地的实际情况进行有针对性的设计，这个阶段建议一定规模以上的企业与从事国际化业务的相关咨询公司合作，尤其是薪酬相关设计相对敏感，在当地薪酬福利数据的获取及薪酬发放的合规性上都更有优势。关于思想动态的把握，主要目的是及时了解外派人员在工作推进过程中遇到的问题，并协调资源提供支持。这项工作一般由海外HRBP来做，公司总部需要定期统筹跟进。

关于外派人员的回任和轮岗，在外派前需明确外派周期，一方面考虑员工需要协调家庭安排与规划，另一方面也在一定程度上避免海外业务的人才梯队长期固化。原则上外派期满后须回任，特殊情况需要延长的，业务部门需向公司总部进行申请并说明情况。在外派期满前半年，HRBP与业务部门需提前确认好接任人员，外派人员开始着手准备进行工作交接，

HRBP协助进行职业规划沟通，协调做好回任的岗位安置。需要强调的是，除过程中需要与外派人员加强沟通外，在外派人员回国后，也需要跟进员工在国内的适应情况。

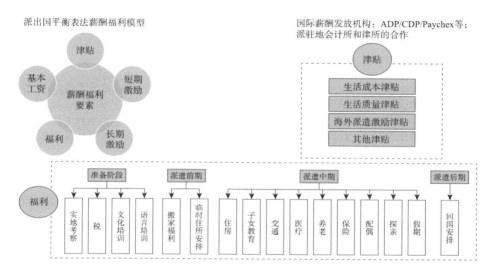

图6-5 派出国平衡表法薪酬福利模型：全流程福利待遇详解

资料来源：作者创作。

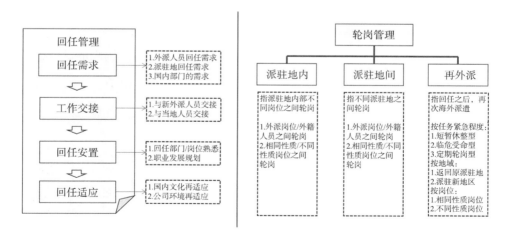

图6-6 轮岗与回任管理的系统化流程

资料来源：作者创作。

表6-1　外派人员全周期管理与支持

派出前	派出中	回任和轮岗
①可通过外派适宜度评估、文化适应力测评、人岗匹配测试等测评进行外派人员选拔，并辅助外派政策宣讲、安全培训等实践提高外派成功率	①针对公司内人员派驻特点，选择合适的付薪方法，为规避合规风险，可选择与国际薪酬发放机构合作（ADP、Paychex等）。基于派出国平衡表法设计派驻人员薪酬，统一管理各个区域的津贴和发放标准	①明确一个外派周期，如外派周期为4年，4年后原则上须回任。如有特殊情况需延长外派期，需由当地管理者向总部提出申请
	②完善薪酬福利体系，注重员工的海外安全，并致力于提高员工海外业务能力和跨文化适应能力	②外派期限结束前半年，HRBP协助其做好工作交接，并做好回任岗位安置和相应的职业发展规划，在工作和生活中也要帮助其适应国内文化和公司环境
②同时也应注重公司内部国际化人才库的建立，为培养国际化人才打好基础	③构建完善的海外派遣政策，对海外人员安全进行规范和管理。为提升外派人员敬业度和满意度，可为外派人员及其随行家属购买全球医疗保险、人身意外险，提供就医和意外保障	③对派驻地内部不同岗位之间轮岗、不同派驻地之间轮岗、回任之后再次海外派遣的轮岗有不同的制度和要求
	④海外HRBP也应通过日常沟通和派驻地走访，找出业务痛点，并定时向上级汇报，尽全力为外派员工提供支持	

资料来源：作者创作。

　　其中的难点在于回任管理，一方面，外派人员出国后，国内的原岗位会由其他人员接替，而当企业规模不够大时，国内不一定会有更多的同级别甚至高级别的岗位供外派人员回任安置；另一方面，随着外派待遇的优化，回任往往意味着实际收入的降低，这也成为员工回任的阻碍。

　　外派人员管理在初期针对很多细节问题难以面面俱到地制定管理标准，首先需要向从事相关工作的人员明确工作原则，一是业务导向，无论是在海外还是国内，人力资源工作的根本目的都是支撑业务的持续发展，很多在海外推行的工作，没有明确的指令和确切的方向，在需要HR作决定时要时刻以业务需要为导向，平衡短期利益与长期利益。二是强调加强沟通，善于协调资源。海外 HR 主要的两个职能是政委和辅助，需要深入理解外派人员的工作环境，切身体会海外工作可能遇到的问题，辅助解决问题时 HR 同样也要善于协调资源。在企业国际化人才培养到达一定阶段以后，公司内会形成随时外派、随时能外派的文化氛围，很多沟通性的工作会大幅减少，管理工作会更加制度化、标准化。三是尽管在外派人员管理的整个过程中会持续存在各种问题，但随着海外派遣人员的体系化管理的推进，外派人员的归属感会明显增强，由专门团队负责可更具备针对性，员工对公司的关注度感知也会更强，满意度也会大幅提升，企业在面临海外派遣的各类问题处理上也更加规范和有章可循。

三、万华化学外派人员管理体系的优化案例

1.外派政策优化

从 2012 年起，万华化学开始体系化地管理海外派遣人员。此前的海外业务已经持续了近十年，由于管理缺乏系统性，产生了很多外派失败案例。

例如，外派人员出现外派后对工作职责不清晰（或与外派之前被告知的岗位职责有较大差距）、汇报关系不明确、适应性较弱、工作无法开展、绩效达不到预期等，还有个别人员长时间在国外已有移民意愿难以回任，回任人员回国后无合适岗位安置，一直处于轮岗状态难以稳定，最终造成离职等。

而海外派遣人员是公司的宝贵财富，本着对公司负责也对外派人员职业发展负责的初衷，应形成并规范从派出前到派出中再到回任安置的海外派遣人员管理体系。自 2012 年起，万华化学针对面临的挑战做了对应优化

工作。为制定真正适应外派目标国的外派政策，万华化学专门成立了海外人力资源管理模块，派专人负责海外派遣人员的管理和服务，主要从管理体系搭建、外派政策优化、思想动态把握等方面有针对性地开展工作。

如前文所提到的，外派政策与外派员工的切身利益息息相关。万华化学的海外派遣政策的制定和优化贯穿外派管理的始末，由专门的管理人员制定和优化外派政策，对外派人员进行实时管理和服务。海外派遣政策是海外派遣管理的依据，海外派遣政策应该根据公司海外业务开展情况和海外派遣的实际情况进行修订和更新，以保证外派政策符合各派驻地的实际情况。

海外派遣政策具有管理和服务的双重职能，管理职能体现在对外派周期的明确规定、外派待遇的明确标准等。既然是管理，首先要明确管理目的。例如，外派补贴政策的原则就明确从原来的"不赔不赚"、仅补贴海外生活成本差异，变为激励并引导优秀人才到海外工作，对外派人员视为"飞行员"式的精英管理，补贴结构上也有明确的"激励补贴"部分。这种管理目标定位也为其服务职能奠定了基础，也发挥了其风向标的作用。

服务职能体现在政策内容不仅要市场化，还要切合实际，更要细致入微。市场化体现在政策制定过程中对标了以华为为代表的优秀的"走出去"的中国企业，福利部分（美国的Healthcare和401K）对标了拜耳、巴斯夫、陶氏等同行企业，对海外住房补贴、子女入学学费补贴、地区艰苦补贴等更是参考了第三方专业数据。切合实际意味着政策的制定不仅是参考对标外部数据，也要充分了解现实情况。比如，从第三方的数据中我们可以了解各个海外目标区域城市的入学学费水平，可如果以此制定外派子女教育补贴政策可能会产生偏差。因为第三方的数据往往是所有学校的平均值，而我们的外派人员在择校时肯定不会选择当地语言的学校而是选择英美国际学校，成本肯定是有差异的。同样，以租房补贴为例，巴西圣保罗的房租数据也是区域平均值，而外派人员出于安全考虑只会选择在相对安全的富人区居住，实际情况跟政策数据必然差生差异。为了更好地切合实际，根据外派人员的反馈，公司将匈牙利布达佩斯和巴西圣保罗等国家地区的子女教育补贴和租房补贴都作了相应调整。至于细致入微，更是小到从外派人员的安置家具标准到家庭行李搬迁费用等都作了无微不至的规定。一个有趣的例子，在讨论子女教育补贴时，政策草案中规定公司按标准部分承担一个孩子在海外入学的学费，就有人提出有两个孩子的怎么办？公司总裁就明确说不要限制数量，只要我们的外派人员能生，公司全都承担。

这些细致入微的外派政策解除了外派人员的后顾之忧，受到极大的拥护，产生了极好的效果。当然，公司也承担了不小的成本，但这也展现了公司对发展海外业务的决心和对海外派遣人员的重视。

2. 海外派遣人员的日常管理与思想动态的及时沟通

图6-7　海外派遣人员日常管理与思想沟通流程

资料来源：作者创作。

一直以来，重视员工思想动态的把握都是万华化学人力资源工作的传统，在国内的人力资源管理工作中，从专门的HRBP团队到沟通体系的建立，再到定期的月汇报机制，都是非常明确和固化的。针对海外派遣人员管理中面临的挑战，在明确专门的管理团队后，也逐步展开了与海外派遣人员的定期沟通机制。主要举措和方式：一是正式沟通与非正式沟通相结合，包括海外人力资源管理团队每年1次的所有海外驻地的走访，了解当地业务与生活的实际情况，以及基于不同时差的全天候的非正式沟通。海外人力资源管理人员也要参加每半年举行的海外销售汇报会，届时所有海外销售的外派人员都会回国。二是定期为各派驻地的外派人员提供管理与领导力提升类培训，讲师由海外人力资源管理人员担任。同时，定期积极运用Q12等管理工具了解海外派遣人员的敬业度情况并与其上级及时沟通。三是鼓励海外派遣人员积累工作心得体会并形成文字，最后经过一段时间的总结，形成了《万华化学海外工作案例集》，让大家有机会、有平台展现自己、表露心声，也为后来的外派人员的培养提供了很好的一手素材。

通过贯穿派出前、中、后的海外派遣管理体系搭建、外派政策的优化和海外员工思想动态的把握，加强了外派人员的全方位动态管理和服务支持，极大地增加了海外派遣人员的稳定性，提高了士气，支撑了万华化学海外工作的开展，也践行了外派人员"飞行员"式的精英管理理念。

表6-2 海外派遣人员全周期管理项目目标与交付计划

外派管理项目目标： 基于组织全球化布局，人力资源针对海外派遣人员进行全周期管理，以实现"选得出、用得好、回得来"的系统化的国际化人才体系，更有效地激励外派员工，实现效能提升			
主要工作内容	工具及方法	阶段性交付成果	预估时间
①设计海外派遣人员派出前、派出中、回任及轮岗全周期的闭环管理体系，包括配套的政策制定 ②人才选拔培养。建立人才模型、组织人才筛选、开展人才培养			

续　表

主要工作内容	工具及方法	阶段性交付成果	预估时间
③派出前。外派政策制定与宣讲、实践考核、安全培训 ④派出中。制定薪酬福利政策、海外安全管理方案、派驻地业务支持 ⑤回任管理及外派轮岗。回任需求及工作交接、回任安置 ⑥形成符合海外业务发展的多元员工管理机制体系	海外派遣全周期管理	①外派管理流程 ②外派管理工作机制 ③外派政策制定	12周

资料来源：作者创作。

附件：××海外风险防范措施

为了配合海外业务的开展，××公司制订了比较完善的海外风险防范计划、匹配相关的资源，保证海外派遣员工人身和财产安全。具体的措施或者资源包括以下八个方面：

①海外派遣政策。××公司有完善的海外派遣管理制度，制度对海外派遣员工的福利待遇、住宿等均有详细规定，保证海外派遣员工在海外体面、安全地工作。××会定期更新外派政策、调整数据，以适应××海外业务的变化，保证海外派遣人员的安全和利益。

②海外派遣花名册。对海外派遣人员的个人信息、家属信息进行收集，每月更新一次，保证可以随时联系到中方外派员工本人及其家属。

③派驻地考察。公司领导和人力资源部对海外派遣地定期考察慰问，实地了解派驻地的情况，为政策更新做准备。

④海外保险。××公司为海外派遣员工及其随行家属提供人身意外保险、全球医疗保险，以防止外派人员及其家属发生意外事件或者产生就医需求。

⑤救援机构合作。目前我们正在积极和国际SOS救援组织合作，为海外派遣人员提供海外风险提示，以最快的海外风险信息更新为海外派遣人员提供安全服务，在海外就医、紧急撤离等方面，国际SOS组织都可以提供优质资源。

⑥中国驻当地使领馆。海外派遣人员和当地的组织与外派使领馆保持密切的联系和沟通，及时关注当地使领馆发布的公告及信息，保障自己的人身安全。

⑦当地华人/外派人群。外派人员与当地的华人圈、其他公司中方外

派人员有密切的联系，大家相互分享信息，在远离祖国的地方互帮互助。

　　⑧海外派遣管理负责人。××公司有专门的人力资源海外模块，有专人进行海外派遣人员管理和联系。该人员会通过微信、电话、邮件等对外派人员的需求、信息及安全等进行实时管理和跟踪。目前，海外派遣人员管理专员：×××，联系方式：×××。

第七章

外籍员工的管理

由于外籍员工的思想理念、工作方式和国内员工有差别，所以在管理方式上也有所区分，以便支持外籍员工融入企业文化，更好、更流畅地完成日常工作。关于外籍人员的管理主要涉及招聘管理、薪酬绩效管理等人力资源体系优化、企业文化的适应性调整及日常关怀。

万华化学有近4 000名外籍员工，分布在世界各地，当然主要是在匈牙利的生产基地，其当地员工的管理已经较为成熟并自成体系。欧洲生产基地以外的外籍员工主要分为在中国总部的研发、战略管理和市场分析人员，各目标市场的销售与商务支持人员以及绿地投资等项目所需的项目管理、生产、安全、工程、供应链管理等职能人员，针对这部分外籍员工的管理，万华化学在多年的海外业务发展过程中，也积累了较多相关经验，本章我们结合该公司的经验系统梳理一下外籍员工的管理重点。

图7-1　外籍员工的管理流程

资料来源：作者创作。

一、外籍员工招聘的关注点

在国内，招聘体系搭建是被广泛讨论的话题，大家已经认识到为企业招聘到合适的人才并不仅是发布简历、人员面试这么简单，要想持续做好招聘工作，需要形成科学高效的招聘体系，招聘全流程中的每个环节都有需要深度挖掘的点。

图7-2　外籍员工招聘全流程管理与优化策略

资料来源：作者创作。

无论工作地在中国还是在目标国，涉及外籍员工的招聘需要格外关注雇主品牌的打造、招聘渠道的建设及面试技巧。虽然这三点在国内招聘中也很重要，但由于海外招聘时存在认知偏差、跨文化等障碍因素使其难度更大，也更为关键。

1.雇主品牌的打造

能在海外开展业务的公司，大多在国内已经有一定的市场地位和雇主品牌，但这种品牌认知往往仅限国内，而招聘工作往往会带有思维惯性，但招聘人员要清醒地认识到在国内知名不代表在国外人才市场也被广泛熟知。另外，企业在国内已经是家大业大，对人员的能力要求是在一个成熟的平台高效开展工作，而开拓海外业务时，往往是从零开始，不仅要开拓业务还要从头开始搭建平台，几乎是一个二次创业的过程。这时候需要的人才往往是要有开拓精神和驱动力的，习惯于在大平台上遵循既有规范流程开展工作的人，哪怕在行业内多年，经验很丰富，在这种情况下也不应是首选。这也就意味着公司在向目标人群传达雇主品牌EVP时也跟国内有很大区别。

万华化学在海外招聘时这两种弯路都走过，招聘人员尤其是业务团队参与招聘面试的人，总会不知不觉地代入国内招聘时的优越感。然后一个"中国""国有""制造业"企业在欧美国家招聘时的品牌形象会是什么？听到这几个词可以想象到的受众自然而然的反应是什么？无论自我感觉在国内有多牛，在海外，Who knows? Who cares? 这是典型的认知偏差。人力负责人经常与业务人员沟通：在美国为万华化学代发工资的服务机构PayChex，2014年的销售收入就有30亿美元（万华化学当年也就不到300亿元人民币的销售收入），规模不比我们小多少，我们没什么可牛的，一定要调整好心态。同时，在美国项目招聘时从拜耳（后来的科思创）、巴斯夫、陶氏招聘了不少当地员工，这些从同行竞争对手来的员工有行业经验理应快速上手，他们选择加入万华化学美国项目也是因为万华化学在行业中的地位，万华化学给外界的印象也是行业内可匹敌国际巨头的。但那是在中国市场，在全球竞争中，万华化学的海外业务跟国际巨头相比差距还很大。拜耳、巴斯夫在美国耕耘了多少年？陶氏更是美国本土公司，万华化学在美国虽然早期有市场销售的布局，但说是一家创业公司也不为过。这些员工加入万华化学后发现美国项目是个非常初创的阶段，各种规章制度和业务流程都不健全，不仅需要做业务还要建流程，这对习惯按稳定流程做事的员工来讲很不适应，也产生了抱怨和心理落差。这也告诉我们，在中国企业"走出去"的过程中，中国总部的雇主品牌与海外目标国的雇主品牌完全是两回事，可以借力但绝不可照搬，要根据实际业务形态和招聘能力要求及目标人群单独设计。很快，万华化学与咨询公司合作制定了针对美国招聘的雇主品牌EVP，强调了初创企业的开拓性，要求来自同行业的人选"不仅要看过猪跑，更要吃过猪肉"，不仅能做业务，也要知道支撑业务背后的体系是怎么建的，能够帮助万华化学的美国项目建章立制，搭建管理系统。

2. 海外招聘渠道的建立

谈论海外招聘渠道前，首先要明确招聘需求，了解目标人群才谈得上招聘渠道。表面上，每家公司的招聘需求肯定都是"明确"的，甚至是过于明确，有太多的"既又"标准，甚至标准之间是冲突矛盾的。要知道每增加一个标准要求就意味着招聘难度的增加，一个比较有代表性的例子是，在美国绿地投资项目上要招聘一名安全管理经理，业务部门提出的需求是，有多年的化工安全管理经验；同时，尤其是项目前期，安全管理的工作主要是跟社区沟通，所以需要有PR的工作背景；沟通上最好会说几句汉语……要求似乎也都是合理的，符合业务场景需要，但化工安全管理经验和PR公关经验几乎是完全不相关的专业领域，有交集的概率极低，人物画像特质是完全不同的两类人。此时招聘人员一定要跟业务部门充分沟通，管理并引导好需求，明确哪些是必选条件，哪些是优选条件，从而避免招聘需求的理想化导致招聘难度的增加。

另外，由谁确定招聘需求及面试录用权限也是很重要的沟通事项。以海外绿地投资项目为例，往往分为选址、工程建设、生产运营的不同阶段，而这三个阶段往往会有不同的分管领导主抓负责，前期选址的管理者招聘的安全工程师，往往会沿用到生产运营阶段，如果没有提前的沟通，可能会引起各种用人矛盾。这里也侧面反映出海外项目的早期最好在当地有一名强有力的领导者统筹，而不是由总部各职能垂直管理。

明确招聘需求后就涉及海外招聘渠道的建立，常用的是猎头，毕竟人生地不熟，最常见的是委托第三方，但成本较高，成功率并不高。关键在于海外员工的薪酬成本往往很高，试错成本就很高，加上文化语言障碍，猎头公司推荐的人是否可靠，往往不像国内的人选相对容易判断和决策。所以围绕这一点，万华化学的操作经验有"3+1"个招聘渠道，第一个是行业内推荐。第二个是结合使用一些当地人比较认可的招聘渠道，比如Glassdoor和领英（Linkedln）等，Glassdoor的特点是有很多在职甚至离职的人对公司的评价，相当于公司版的大众点评，比较容易获取对一家公司的靠谱评价，其受很多欧美求职者的欢迎，当然也对扎实做好雇主品牌是个挑战。领英在欧美国家的覆盖率非常广，其特点是职场社交平台，每个人在上面注明的职业履历初衷并不是为了应聘，而且有朋友圈的背书认可，因此包装的成分少，可信度较高。加上领英还有专门针对招聘的很多其他功能，是个不错的选择。第三个是在第五章国际化人才培养提到的引进海外实习生的做法，可以变相成为一种可靠的招聘手段，试想一下，公司在印度有业务，就比较有针对性地引进若干名印度实习生到中国实习工作，一般3～6个月，通过这段时间的观察，择优选择1～2名实习生转为正式员工，再工作1年左右，直接跟随中方海外派遣人员派回到印度工作。这样的方式相当于海外人才培养与海外招聘两项工作相结合，可信赖度是有保障的，只是招聘的周期较长，也不太适用于高端岗位的招聘。还有一个渠道之所以是"+1"，是因为可能算不上招聘，但是人才获取的方式之一。一个组织人才获取的方式有个3B模型（Buy、Build、Borrow）（如图7-3所示），Buy（招聘）、Build（培养）都提到了，而Borrow的方式往往会被忽略。

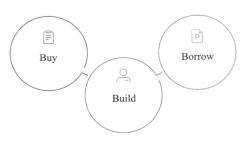

图7-3　3B模型

资料来源：作者创作。

现实中，无论国内还是海外，总有一些人是招聘不到的，你知道他在哪里，但他不会为你工作，但也并不妨碍他帮助你解决问题，甚至有些问题就是一张窗户纸，也许压根儿不需要招聘一个人来帮你解决，你需要做的只是找到他，跟他聊个1～2小时，就拨云见日了。这种方式在投资和咨询行业非常普遍。一些专家平台类的专业服务可以起到Borrow的效果，第三方公司根据需求找到能解决问题的"一揽子"专家并核实其是否可以（能力）并愿意（意愿）来交流这些问题，避免触及合规性的法律问题，此类专家往往是退休或者离开行业一段时间的人员。然后通过1～2小时电话会沟通，帮助公司解决实际问题。例如，万华化学想开拓巴西及南美的某产品市场，外派了几批中方业务人员都找不到门路，通过专家平台找到行业巨头在南美负责该业务的专家，介绍了一下市场情况，对业务部门快速了解该市场大有裨益。

3.面试过程的注意事项

无论何种招聘渠道，最终绕不开面试环节。与国内面试相比，要求海外招聘的面试官具备语言能力、跨文化的敏感度、熟悉了解法律法规并作出相对精准、合理的判断。这个要求是相当高的，类似这种需要深度沟通交流并有一定鉴别力的场景，语言能力必不可少。合规与跨文化方面，需要学习在当地法治环境下如何更好地适应并顺利开展招聘活动。比如，在美国，面试员工的时候有很多禁忌，一不小心就触及了反歧视法而招惹诉讼。然而有一些信息也的确是企业需要在面试过程中了解的，万华化学在美国开展招聘活动前就邀请咨询公司系统组织了面试官培训，学习哪些坚决不能问，有些必须了解的可以怎么问等，从合规和跨文化两个角度做好前期培训和准备。事实上，无论采用什么方式，都很难在短短1小时内准确地判断一个人。在提高识人精准性方面，测评工具的辅助作用非常必要。每一个候选人在参加面试前都需要完成事先安排的第三方测评，测评报告可作为重要的面试线索和决策依据，对测评工具的使用也是需要对面试官提前进行培训。面试环节对行为的考量，加上测评工具对性格等冰山以下部分的能力识别，可以综合作用，提高外籍员工招聘录用的决策精准性。

本质上，招聘是一项销售+采购属性的工作。首先要像销售工作一样准确定位并宣传吸引到足够多的可供筛选的人选数量，然后像采购工作一样选好筛选准入和价格谈判。在外籍员工招聘过程中，这些工作的难度、能力要求及压力都有所增加，需要格外关注。

二、海外人力资源管理体系优化

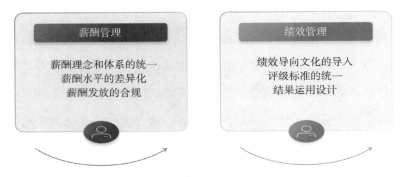

图7-4　薪酬福利与绩效管理的双轨并行策略

资料来源：作者创作。

1.薪酬管理的注意事项

招聘环节必然涉及薪酬谈判，也就涉及外籍员工的薪酬管理，这里重点涉及三个因素：薪酬理念和体系的统一、薪酬水平的差异化及薪酬发放的合规。

（1）薪酬理念和体系的统一

薪酬理念决定了支付薪酬的背后依据，不同国家的侧重点会有所不同，欧洲关注岗位职责和岗位价值，中国更关注人员及其能力，美国则侧重绩效结果。薪酬理念又决定了薪酬结构，固定部分与绩效浮动部分的比例关系等，这些都尽可能在公司内部不同国家和地区形成统一并跟外籍员工提前沟通清楚。同时，薪酬体系的一致有助于明确职级职等，便于人才跨区域的流动和轮岗。万华化学国内于2006年由翰威特进行薪酬体系搭建，后来于2012年切换采用美世咨询3P薪酬体系。得益于万华化学国内相对扎实的薪酬管理体系，海外人力资源团队分别对BC公司和美国的所有岗位按照国内统一的标准和方法论进行了岗位价值评估，明确统一的薪酬结构。虽然主流的岗位价值评估方法论大多来自美国的咨询公司，但美国公司的管理者和员工对岗位价值评估的作用不置可否，他们认为薪酬制定的依据应根据该岗位的劳动力市场供需关系，不需要过度在意内部职级的关系。

（2）薪酬水平的差异化

说到薪酬水平，外籍员工还是普遍高于国内员工，需要参考不同国家的薪酬市场数据报告，同时薪酬数据的可参考性也倒逼岗位价值评估的方法论选择与切换。以化工行业为例，在中国市场，美世咨询的市场数据报告最为权威，而在东欧地区HAY的报告更好一些，在美国则是韬睿惠悦。为了更好地对标市场数据，根据需要在不同地区用相应的岗评方法，然后再与中国总部的岗评标准进行转换对应。好在这些不同公司的岗评方法背后的逻辑大同小异，也有彼此间转换的公式和标准。

（3）薪酬发放的合规

明确薪酬结构和标准后，薪酬的发放也是件很复杂的事情，这与各国不同的劳动法规与税收政策密切相关。比如，在国内，我们熟悉的发放方式是月薪，而在美国，很多州是每两周发放一次；在国内，我们遇到发薪日与节假日重叠时延迟到节后一个工作日发放工资也是可以接受的事情，而在海外，外籍员工就很难接受；还涉及不同国家不同的个税算法及社保医保的比例扣除，如果海外分布地区很广，海外人力资源管理团队很难一一掌握每个地区的法规情况。起初万华化学的解决办法是由各派驻地的财务人员代发工资，毕竟由于人数规模不同，每个地区不见得都能雇佣或派驻人事人员，而一定会有外派的财务人员。但财务人员发放每个员工的工资本就不是保密的规范做法，同时由于发薪日、时差、币种等存在差异，国内也很难进行统一管控。在没有建立共享服务中心的情况下，万华化学采用ADP的Streamline将各个区域的薪酬计算发放的权限回收到总部，确保合规性，并进行统一的可视化管理。

2.绩效管理的注意事项

外籍员工的绩效管理涉及三个因素：绩效导向文化的导入、评级标准的统一及结果运用的关键设计。这也是挑战性非常大的管理动作，文化差异在绩效管理的全过程中体现得淋漓尽致，对管理者的要求非常高。

首先，不同的区域对绩效导向的接受度不同，国内企业对"干好干坏不一样"的绩效差异化理念已经普遍接受，但在匈牙利、捷克、波兰等东欧国家，更加倡导平等文化，管理风格尚停留在我国计划经济时代企业的管理理念中，在这些国家推进绩效结果的强制分布时也非常困难。绩效管理和绩效导向的文化是指挥棒，是非常重要的管理抓手，在第二章也提到过，万华化学在整合阶段首先就做了综合绩效管理体系的优化整合项目，并把绩效导向的文化写入当地公司的企业文化价值观中，不断地培训、沟通、宣贯。

其次，大多数外籍员工也认可绩效导向的文化，但对绩效评估的标准有认知上的不同。西方人更加重视数据和客观性，所以认为对绩效指标的量化评估结果更令人信服，国内企业也有类似的观点。但这样做既要求对绩效指标KPI的设置非常精准（要求指标设置精准本就是伪命题），对外部环境变化的适应性不高，而且很多后台职能岗位的指标量化本就非常困难，所以，这种类似计算器式的考核指标体系剥夺了管理者在绩效管理中的主观能动性。评价员工绩效好坏的是冷冰冰的指标和数据，管理者实际上没有评价的话语权。而在结果运用上指标的得分又直接运用在奖金发放比例上，这简直就是灾难。以BC公司为例，前期整个公司处于亏损状态，前台业务部门、高级别管理的指标都没有完成，而后台的职能岗位类似前台接待，大都150%地完成指标，并以此来发奖金，这就很荒谬了。所谓综合绩效管理（CPM）简单来说就是在量化数据的基础上，加上直线管理的主观评价，即定量与定性相结合。中国的文化更接受定性的方式，也不全是弊端，它可以照顾到很多不能量化的领域，使评估结果更加全面，反而是另一个层面的客观（避免走极端，完全主观缺乏必要的数据支撑）。前提是管理者具备较强的领导能力，跟外籍员工提前做好充分沟通，同时做好机制设置。

最后，所谓机制设置就是在绩效结果的运用上不依据指标得分直接换算成奖金比例，而是采用强制分布的归档，优中选优，这种类似GE活力曲线的归档本身就有主观评价的成分，会避免因为指标设计的变化或者不合理带来的导向混乱。另外，在绩效结果的反馈上，一定要注意文化差异。中国的很多企业喜欢到年底用述职的方式来作定性评估，一个人在前面讲自己的工作表现，下面一群人在听，很多人七嘴八舌地点评，外籍员工很难接受这种方式，他们认为绩效反馈是一对一的，涉及隐私。

三、企业文化价值观的适应性调整

海外业务时时刻刻都存在着文化差异，跨文化是个很大的话题，后面本书会有专门的章节来探讨。本章侧重针对外籍员工群体的企业文化价值观的适应性调整。企业文化是一家公司的灵魂和特质，有一定刚性，不易改变。但企业文化价值观也是为公司业务发展服务的，在不同的阶段、不同的环境下应该做作适应性调整。之前就遇到过某大型央企的高管希望在加拿大收购的公司内完全推行国内的文化价值观。目前国与国之间文化大背景下，期待把国内的企业文化价值观完全复制到欧美国家并让当地员工接受是非常困难的。我们需要充分理解并意识到东西方文化的显著差异和强弱势程度，在不是底线原则的基础上，主动作出适应环境和业务发展需要的价值观调整。比如，国内很多企业倡导的家文化在欧美工作、生活平衡的环境下就不适用；在欧美普遍强调平等的文化背景下，跟服从、执行有关的词条等也不太合适。万华化学在不同的国家根据业务发展的需要作了一些调整，保留"创新""追求卓越""客户导向""团队制胜"等普适的内容，在BC公司，在整合和变革的大背景下，加上了"变革"和"绩效导向"的内容；在美国项目上，美国本就是个文化熔炉，当地员工不太理解所谓的"Cross Culture"，他们认为这就是"Respect"，所以，加上"尊重"相关的内容能被当地员工普遍接受。

四、关注外籍员工的生活

关注外籍员工与生活相关的工作主要体现在在中国工作的外籍员工群体上，主要目的是让其快速融入、快速开展工作的同时也能在生活上无后顾之忧。中国不是一个移民国家，文化相对单一，除了北京、上海等国际化大都市，大多数二线城市针对外国人的各类设施资源并不多见，如饮食、医疗、子女教育等。但中国的好客文化也极具包容性。针对在中国的外籍员工，万华化学海外管理团队制作了方便外籍员工参考的生存手册，涵盖了在烟台生活的衣食住行方方面面。同时，对于携带家属一同到烟台工作的外籍员工，也很注重对家属的工作安置，公司也会开展类似家庭日的活动，鼓励家属多参与，融入本地文化。同时，针对西方的节日给予外籍员工特别假期，如圣诞节等。同时，海外人力资源管理团队也有专人负责外籍员工所有（包括签证、工作许可、住房交通等）"Mobility"相关的工作。不久就可以看到不少外籍员工吃着拉面，蹦着简单的汉语当地方言，蹬着共享单车穿梭在大街小巷。

对大多数国际化程度还不高的中国企业来说，外籍员工的确是个独特的群体，管理该群体非常有难度，但外籍员工有其擅长领域，如在市场宏观数据的收集与分析、精益问题解决等方面，确有过人之处。不同的思考方式、相关的专业背景，解决问题的独特视角和能力，为公司创造价值的同时也丰富了公司多元文化。所以有针对性地规范和加强对这部分人群的管理和服务也会使企业的国际化管理水平上一个新台阶。

表7-1 实现管理目标的举措

外籍员工管理项目目标： 外籍员工管理主要目标是帮助外籍员工融入，推动中外员工发挥各自优势，加强协作。外籍员工管理主要涉及招聘管理、薪酬绩效管理等人力资源体系优化、企业文化的适应性调整及日常关怀等，通过机制设置及体系优化实现管理目标			
主要工作内容	工具及方法	阶段性交付成果	预估时间
①海外招聘体系优化 ②外籍人员薪酬绩效体系优化 ③外籍人员人力资源管理体系优化 ④企业文化融合与落地 ⑤日常关怀体系	①招聘体系模型 ②雇主品牌建设工具 ③人力资源管理体系 ④企业文化整合	①海外招聘体系优化及海外雇主品牌建设规划 ②外籍人员人力资源管理体系优化 ③企业文化融合落地方案及培训	12周

资料来源：作者创作。

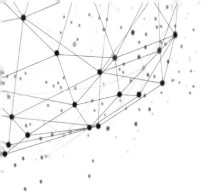

第八章

跨文化冲突应对与跨文化融合

受历史发展和思维方式的影响，中西方价值观有很大差异，在中国企业走出去的过程中，文化差异引发的跨文化沟通问题无处不在。中国企业在海外发展过程中，在内部管理上强调跨文化融合具有多方面的重要意义，它不仅有助于建立和谐的内部团队，提高企业的创新能力和品牌形象，提升企业的全球化管理水平，还有助于促进员工的个人成长和发展。因此，跨文化融合已成为提升中国企业国际竞争力的重要策略之一。

首先，强调跨文化融合有助于建立和谐的内部团队。如果企业能够重视跨文化融合，促进员工之间的相互理解和尊重，建立相互信任的关系，将有利于减少内部管理中可能出现的文化摩擦和矛盾，从而为团队的和谐发展营造良好的内部氛围。其次，强调跨文化融合有助于提高企业的创新

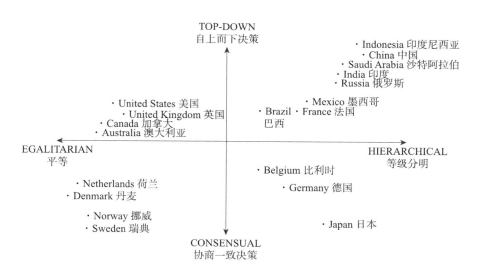

图8-1　不同地区的管理风格及决策风格差异

资料来源：《哈佛商业周刊》*Being the Boss in Brussels, Boston, and Beijing*。

能力。外籍员工往往带来与本国员工不同的思维方式和管理经验，这种多元文化的碰撞有助于激发创新思维，促进企业内部的学习与进步。如果企业善于将不同文化的员工进行融合，并充分发挥他们的创造力和潜力，将更有利于企业在海外市场中的竞争优势。

包括团队管理，作为跨文化团队的管理者到底怎样去管理外籍员工。这里我们可以参考《哈佛商业周刊》的一篇文章进行深入理解，从两个维度来说，一个是人与人之间的关系是相对平等，还是等级分明、等级森严，另一个是决策风格是自上而下决策还是自下而上决策。从这两个维度我们可以看到英美国家的管理风格，与我们传统中的印象一样，强调人与人之间的平等，但是决策方式却是自上而下的，在实际接触中也能感受到美国企业的老板决策风格是相对独断的，非常强调 leadership，但是他和员工之间的关系是很平等的，互相叫着彼此的名字。完全相反的另一个极端是日本文化背景下的企业，我们都知道日本企业内部等级非常分明，但它的决策并不是完全自上而下来决策，它更倾向于民主协商，是员工和公司之间通过协商最终达成共识的文化。通过两个维度的区分我们可以把管理风格分成四个象限，在作者的感知中，中国企业的管理风格也是等级比较分明，而且在决策上大多也是由老板来拍板的。北欧的状态更多是平等和协商民主的，这个意味着什么？中国人带外籍员工，如果你是管理者，你一定要知道自己要根据所在国的情况，哪些是需要民主协商的，哪些是你必须拍板的。我们看到很多的企业，尤其是民营企业的老板，整体的决断力其实不是特别强，作决策方面都会犹犹豫豫，导致有的时候在一些外国人看来，这是他缺乏领导力的一种表现。

首先，强调跨文化融合有助于提升企业的品牌形象。随着全球化进程的深入，企业的品牌形象已不再仅是产品质量和效益的体现，更需要关注企业在社会、文化层面的形象。如果一家企业能够在管理外籍员工时，充分尊重和融合员工的文化差异，将更容易赢得当地消费者的认可和信任，带来更广泛的社会效益。其次，强调跨文化融合有助于提升企业的全球化管理水平。面对全球化竞争的挑战，企业需要具备跨文化背景下的管理能力和战略眼光，因此，通过在内部管理上强调跨文化融合，可以培养企业管理层和员工的国际化视野与管理技能，有利于提升企业在全球化竞争中的地位。最后，强调跨文化融合有助于促进员工个人成长和发展。对于外籍员工来说，融入中国企业并适应中国文化是一个相对较大的挑战。如果企业能够通过培训、文化交流活动等方式，帮助外籍员工更快地适应中国企业的文化和工作环境，将有助于提升员工的满意度和忠诚度，进而促进员工的个人成长和发展。

中国人：	外国人：
√语言能力不够	√集体主义，权威至高无上
√专业基础弱	√等级制
√难融入（部门文化、领导支持、个人沟通能力）	√领导会让下属解决私人问题。下属不能挑战领导的权威，不能直接拒绝领导的意见，如果任务实施有困难，那应该归咎于外界因素，而不是领导的决策问题
√寻找价值并实现价值（工作的价值在哪里？）	√很难升职，除非跳槽
√自我管理（我的工作目标是什么？）	
√平衡工作与家庭（教育子女、照顾老人）	

图8-2　通过对标产生意识

资料来源：作者创作。

解决跨文化冲突的问题首先在于意识到自己的习惯做法不必然是正确的，别人的想法、做法也不必然与自己一样，从而不断提升文化敏感度，然后再根据具体问题有针对性地解决。而唤醒意识最好的方式就是通过诊断、对标找出差异。根据不同海外业务场景和环境，以问题解决为导向，营造跨文化沟通环境，从而较好地应对在多元化文化背景下的跨文化冲突。

一、国际化跨文化诊断与问题发现

如果问能否意识到跨文化的重要性，每个人都会回答"是"，每个组织、每个人或多或少都能意识到自身在跨文化环境中存在的问题，而更客观有效的方法是通过旁观者的视角来看待问题。万华化学与第三方咨询机构合作，在中国总部围绕整个集团的海外业务和国际化人才培养，以及在匈牙利针对BC的收购整合，分别作了系统的文化诊断与评估，之后根据咨询公司提出的改进建议，明确在海外业务发展过程中需要主动调整的方向和目标，形成一系列应对跨文化沟通环境的举措并不断进行优化。

表8-1　万华化学集团层面国际化路线文化诊断建议（示例）

差距分析和应需准备	改进建议和举措
—国际化在万华化学企业文化中并不"根深蒂固" —万华化学整体的自省意识很高，但管理者层面相对较低 —万华化学员工对待来自其他文化的人持积极态度，但是缺乏跨文化经验 —万华化学员工的韧性很高，能够长时间应对压力。但当解决问题的方式不清晰时，他们可能遇到挑战 —在全球化思维方面，万华化学员工低于世界平均水平，但可塑性很强 —在母国市场的成功不是优势，是"陷阱"	—人力资源政策创新需要由高管支持并引领 —全球化的成功不仅取决于类似的国际化人才培养项目，更取决于内生性的主动变化 —员工高敬业度是国际化公司的关键优势之一，而敬业度在中国与年青一代的价值观中有很强的关联度 —需要应用知识管理体系KMS对万华化学的海外经历进行积累和分享 —为有海外经历的员工提供更好的晋升和职业发展机会 —国际化公司的回任安排有保障，对员工的新技能有认可，对回任后在母国的角色有定位

资料来源：内部资料。

表8-2 BC文化整合诊断建议（示例）

主题/关注领域	尽职调查发现的主要问题	改进建议和举措
愿景/战略匹配	公司未能建立和向员工传达明确的、独特的公司愿景和战略 人们觉得公司没有履行对员工和客户的承诺	高层领导人通过各种途径在公司宣导公司未来愿景和战略 强化中层管理人员在沟通过程中的作用
卓越运营	需要形成以结果为导向的工作文化 需要充分适应外部市场竞争的变化 缺乏紧迫感 部门间的隔阂，信息沟通不畅	在质量、安全和精益生产上设立明确的目标，并将其嵌入绩效体系之中 绩效管理体系和员工晋升需要强调协作在公司内部的重要性 更好地奖励结果导向型的行为
创新与适应	以市场为导向的氛围还没有得到推广，以生产为中心的观念仍然是主流 缺乏创新为本的环境和文化，大多数员工是相当保守的	管理团队应该有更多的机会接触全球市场和行业标杆 设立奖励创新的政策
参与	个人/社会的关系被认为是至关重要的，而团队的精神在BC并未得到很好的推行 沟通和协作氛围不浓，尤其是跨职能间的协作	中高层管理人员需要担负起改进内部沟通的重担 绩效管理体系和员工晋升需要强调协作在公司内部的重要性 通过更好的沟通促进内部信息的有效传递

资料来源：杨光军，《万华海外并购整合实践》。

二、万华化学如何营造跨文化沟通环境

1. 自上而下强调中方人员增强文化敏感度意识

任何一家组织所面临的问题80%出在高管层，即所谓"问题出在主席台"，而高管层也是自我意识最强、最难被改变的。所幸万华化学高管层能够意识到跨文化沟通的重要性，文化敏感度较强。比如，时任董事长坚持英语学习；时任总裁一直叮嘱海外业务要"多看多听少说，不要想当然"；在BC整合过程中时任董事长要求不在工作时间召开只有中方外派人员参加的会议，避免引起当地员工不必要的误会；等等。更深层次地

说，文化敏感度不仅是"理解""适应"，一味地适应调整也有可能会迷失自己，更为重要的是需要有一个"锚"（Anchor），知道自己是谁，从哪里来，知道自己所坚持的底线，并敢于自我主张。第七章提到了企业文化的适应性调整，公司主动求变，然而在反复沟通引导后，对于不能接受万华化学文化的外籍高管也能做到杀伐果断，在整合过程中，BC公司解雇了5名外籍高管，为整合的顺利进行提供了文化保障。

2. 沟通机制的建立

前文提到，沟通机制的建立和员工思想动态的把握是万华化学的强项。为完善中匈员工的交流机制，结合国内经验，在BC公司专设了综合管理办公室主任这一职位（由中方外派人员担任）来担当中匈员工交流的使者，主抓企业文化建设和沟通体系建立，同时加强管理网站内刊等文化宣传阵地，BC公司内部原本就有一个信息分享的网站，是公司内部沟通的主要渠道，另外还有一本月刊杂志《MIX》，主要介绍一些公司的重大活动和CEO的重大决定。通过这些渠道有计划地组织驻外人员在上面发表连载文章，记录外派生活的心路历程，也是跨文化沟通的一种重要手段。

根据万华化学多年的操作实践和沟通渠道有效性验证，在当地人力资源的大力支持下，在BC建立了高管圆桌会议等16条沟通渠道，每条渠道虽然尚不能尽善尽美，但通过这些沟通保障机制，公司内的沟通效果已有很大的改善。比如，中方外派人员与当地员工也通过定期举办经验交流会等对BC业务进行深入了解，并制定改进办法，促进了中匈员工的密切交流。通过一系列有针对性的举措使员工之间加强交流，增进理解，公司内部信息也更加透明。2013年HR整合小组在BC公司组织了满意度调查，通过对调查结果分析能清楚地看到员工关系改善很大，很多员工在开放性问题中都谈到了公司在沟通和信息分享方面的显著改善。

3. 有计划地组织国内外参观学习

第五章介绍了通过海外实践的方式培养国际化人才，不仅是针对中方员工，对外籍员工同样也适用，只是其目的是侧重文化融合。整合成功后，公司付出巨大成本，每年派遣大量绩效优秀的匈牙利员工来总部参观学习，为期两星期到几个月，每年上百人次。时逢万华化学八角工业园如火如荼地建设中，BC员工亲眼目睹母公司规模的壮大和严谨的管理，加上这期间BC在经营上扭亏为盈，甚至利润创BC公司历史新高，这一巨大成果直接促进了BC当地员工对万华化学母公司的信任，增强了员工凝聚力。当地员工对公司日常工作的配合度大幅增强，工作效率和积极性显著提高。

同样的方式也运用在美国项目的外籍员工上。公司有计划地组织美国员工到上海参与工程设计工作、参观宁波工业园等，使其理解中国发展的日新月异，意识到万华化学成功绝非偶然，增强企业认同感和归属感。而海外销售的外籍员工更是借助每半年的海外销售会议经常性地来到中国，汇报业务进展的同时实地感受文化融入。

4. 跨文化培训

培训是相对容易操作的提升文化敏感度的方法。万华化学的跨文化培训有其特点，首先，针对中方人员和外籍员工同时开展。国际化人才培养项目中，跨文化培训已经成为必修课程，而针对中方外派人员更多的是与外籍员工一起参加跨文化培训。在匈牙利和美国都会定期组织中外员工一起参加融合式跨文化培训。

其次，语言能力是跨文化能力提升的前提。万华化学在国内的人员晋升标准中就有明确的英语托业成绩的要求，达不到成绩分数标准的不能晋升并严格执行。而无论在哪里举行的跨文化培训都是英文课件、全英文授课。

再次，除正规授课外，有海外经历的员工进行内部分享也成为非常重要的跨文化培训形式之一。从2009年派出去Griff交流学习的人员到后来海外实习派出的人员归来，也包括到中国实习的外国实习生，作内部分享已经成为万华化学的规定，而且每次分享高管层都会全程参加。

最后，还有一些线上工具和学习平台的运用，为在中东、俄罗斯、土耳其、印度等人数较少的国家的中外员工学习了解跨文化知识技能提供帮助。

5. 与当地政府合作办学

万华化学通过BC公司积极创造条件为当地学校提供参观和实习机会，特别是与业务相关的专业学校，到目前为止，已有2 500名学生参观了BC公司工厂，让当地居民了解到化工与我们的生活息息相关，消除了化工是有毒、有害的传统错误观念。万华化学与米什科尔茨大学（Miskolci University）等高等学府展开人才培养的合作，在BC公司建立了大学生实习实验室，同时为在校大学生提供奖学金，2012年，3名来自米什科尔茨大学在校学生到万华化学中国总部接受专业培训和实习。2012年4月23日，米什科尔茨大学与BC公司共同开办了中国中心，同时邀请北京化工大学一起在米什科尔茨大学建立孔子学院，米什科尔茨大学有意向重新启动已停止多年的化学工程专业，该大学希望为万华化学企业培养更多合适的专业人才。

另外，为了解决公司人员素质老化的问题，为公司持续发展提供稳定的人才资源，BC公司每年持续招聘30名大学生和25名专业技术人员，为企业不断补充新鲜血液。米什科尔茨大学帮助BC公司培养既掌握最新的化工科技技术又深入了解中国文化的后备人才。

在美国项目推进过程中，也有类似的举措，主要与美国当地政府经发局合作。例如，路易斯安那州经发局有个"Fast Start"项目，其目的是更好地提供招商引资的服务，与当地技校（college）和培训机构合作，针对当地社区的适龄劳动力分布，为前来投资的企业提供、培养所需的足够数量和质量的专业人才。其中，培养的不仅是专业技术，也包括管理能力、跨文化能力甚至语言能力。这些举措也会对跨文化能力提升及更好的社区融合大有裨益。

图8-3　River Parishes Community College 建筑

资料来源：作者于美国路易斯安那州实地拍摄。

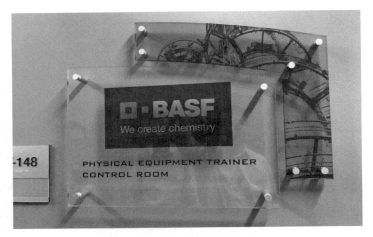

图8-4 BASF物理设备中控培训室

资料来源：作者于美国路易斯安那州实地拍摄。

图8-5 动静设备实务培训室

资料来源：作者于美国路易斯安那州实地拍摄。

通过主动的国际化文化诊断和营造跨文化沟通环境等一系列举措，万华化学提升了应对跨文化业务场景的组织能力，它是一种润滑剂和催化剂，更好地助力公司海外业务的成功。同时，通过持续的文化整合，落实了万华化学企业文化，更推广了中国文化。例如，每年春节，公司都会从国内邀请有中国文化特色和具有代表性的演出团体到匈牙利为当地员工奉献精彩演出，共同庆祝中国春节，这已成为当地的标志性"big event"，也为中国文化输出和软实力提升作出了贡献。

表8-3　跨文化融合与企业发展策略实施计划

跨文化融合目标：通过内部文化诊断，识别双方的差异点及相通之处，在内部营造跨文化沟通与融合的氛围，加强跨文化培训，促进员工之间的相互理解和尊重，建立相互信任的关系，建立和谐的内部团队。同时通过加强内部融合，提高企业的创新能力			
主要工作内容	工具及方法	阶段性交付成果	预估时间
①企业文化诊断，针对总公司与分子公司进行企业文化诊断，评估异同点，明确调整方向 ②营造跨文化沟通氛围、搭建对应体系 ③组织国内外参观学习 ④建立跨文化沟通体系 ⑤组织跨文化培训	①企业文化诊断工具 ②跨文化沟通体系 ③跨文化培训	①企业文化诊断报告及优化建议 ②跨文化沟通体系搭建 ③参观学习 ④跨文化培训	12周

资料来源：作者创作。

第九章

万华化学国际化组织能力建设和人力资源管理经验总结

　　在中国企业走向国际、出海发展的过程中，其他出海企业的成功经验对即将出海发展的企业的参考和借鉴的重要性不言而喻。然而，其他企业的成功经验却并非可以简单复制的。在分析这一问题时，我们需要从多个维度出发，分析成功经验的复制性和非复制性，以及在复制过程中应当注意的问题和挑战。我们需要正确认识部分成功经验的可复制性。在出海发展过程中，其他企业的成功经验确实具有一定的借鉴意义。例如，某些行业的市场拓展策略、国际营销手段、跨文化管理经验等，都是其他企业可以借鉴和学习的宝贵经验。这些成功经验通过研究、分析和适当的调整，可以为其他企业提供宝贵的启示和指导。在对标学习时需全方位分析每个企业所处的行业环境、内部资源、文化背景、国际市场布局等，因为这些方面都存在差异，因此其他企业并不能简单地将某家企业的成功经验直接搬到自己的发展过程中。复制成功经验需要充分考虑自身特点和实际情况，进行必要的调整和细化，才能真正落地并产生效果。

　　在重视成功经验的复制过程中，除要懂得识别和辨别成功经验的适用性外，对于其他企业的成功经验，需要进行全面的分析和评估，确定其是否适用于自身的国际化发展战略和实际业务需求，还要注意以下两个问题，首先，要重视整合创新。成功经验的复制并不代表简单的照搬，而是需要将其整合到自己的体系中，并进行创新性的调整和完善，使之更符合企业自身的战略需求。其次，要加强实践验证。任何成功经验的复制都需要经过多轮实践和验证，不断进行调整和升级，方能最终落地并产生实际效果。

　　在复制其他企业成功经验的过程中，我们还需要认识到一定的风险和挑战。成功经验的复制往往面临着市场环境的变化、战略目标的调整、跨文化管理的挑战等多方面的问题。对于这些问题，企业需要保持审慎态度，采取科学的分析和决策，避免因复制经验而产生的负面效应。

在中国企业出海发展过程中，其他企业的成功经验所能带来的借鉴和启示是不容忽视的，但也需要正确认识其复制性和非复制性，加强考量和创新，并充分认识复制的风险和挑战，使借鉴的成功经验最终转化为自身的实际竞争优势，为企业的国际化发展注入新的动力。

通过前文对万华化学海外收购整合、国际化人才培养、海外派遣人员管理、外籍员工管理、跨文化融合等方面最佳实践的详细阐述，本书尝试提炼总结万华化学在国际化组织能力建设和人力资源管理的相关经验，希望能对更多"走出去"的中国企业有所启示。

一、万华化学全球化成功的独特性

无论从宏观的天时地利人和还是企业所处的具体情况，任何企业的成功都有其独特性，不能简单照搬。万华化学全球化发展也有着一些独特因素，对成功"走出去"有着重要作用，但不见得是其他企业所具备的。

首先，抓住好的国际环境和国际关系窗口期。利用了欧债危机时期普遍对外来资本没有那么排斥；匈牙利作为前东欧国家，一直与中国保持良好的外交关系；2013年的中美关系也没有像今天这般紧张，这些都是有利的外部条件。而当下各种对中国不利的国际环境，无疑对中国企业"走出去"又增加了不确定性。

其次，所处寡头垄断行业及其自身在中国市场的优势地位。寡头垄断行业相较于充分竞争的行业，进入壁垒较高，本就相对容易获取高额利润。在海外发展过程中，不需要过多考虑市场因素，只要做好自身，就意味着大概率会成功。同时，万华化学在中国市场的行业地位决定了其有足够的行业话语权和专业技术力量去进行同行业的资源整合。简单来说，万华化学是内行，具备技术先进性和技术输出的能力。这是很多处于充分竞争市场的企业甚至是被动"走出去"的中国企业所不具备的成功因素。

最后，好运气。在收购整合最艰难的时期，同行竞争对手接连出现不可抗力的停产事故，以及本有意剥离的氯碱业务由于东欧产业政策原因反而成为意外的利润增长点等，这些计划外的利好也助力了万华化学"走出去"的成功。但好运气和机会总是留给有准备的人，具备战略定力，坚持做正确的事，其余就是静等花开。

以上是万华化学海外成功发展的一些独特因素，理解一些外部环境因素，避免过于神化和照搬，理性对标。同时，并不是说不具备这些因素的企业就一定不能成功，而是更多要"走出去"的中国企业能够深刻理解自身所处环境的独特性，扬长避短地制定海外发展策略。

二、万华化学全球化成功经验的可复制性

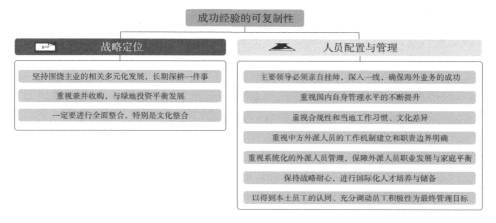

图9-1　企业国际化战略与跨文化管理关键要素

资料来源：作者创作。

万华化学全球化的成功，也一定有可供其他中国企业借鉴的最佳实践。归纳起来分为战略业务定位和人员配置与管理两个方面。

1.战略业务定位方面

首先，坚持围绕主业的相关多元化发展，长期深耕一件事。在国内做精并取得优势行业地位，在海外也是进行同行业的战略投资并购或投资建设，做熟不做生，这样更容易成功。当然，企业要对行业发展的前瞻性和生命周期有深刻的理解。

其次，重视兼并收购，与绿地投资平衡发展。在全球经济增长放缓、产能过剩的大背景下，并购将取代有机增长而成为企业发展更有利的方式。商务部、国家统计局、国家外汇管理局《2020年度中国对外直接投资统计公报》显示，自2009年欧债危机到2020年，中国对外投资中并购的平均占比为28.2%，2020年受新冠疫情影响更是降为10.7%。[①]

最后，一定要进行全面整合，特别是文化整合。这就要求企业有勇气、有能力进行整合。万华化学在收购前期对整合也有种种顾虑，也有过依赖外籍高管带领企业的想法，但事后来看，不进行全面整合，指望被收购企业自发地渡过难关实现战略意图是不现实的，对于收购后的整合，一定要迎难而上。同时，万华化学为了可能发生的收购整合，早在2008年（当时还没有收购匈牙利BC的任何意图和机会）就有组织、有针对性地派遣精兵强将对标美国Griff公司（其以并购发展著称），提前储备整合工具、方法、组织能力，为整合成功埋下伏笔。

---

①数据来自商务部、国家统计局、国家外汇管理局《2020年度中国对外直接投资统计公报》。

2.人员配置与管理方面

第一，主要领导必须亲自挂帅，深入一线，确保海外业务的成功。但凡涉及海外发展，资本投入往往都不是小数目，加上环境的复杂性，要想成功，一定要确保海外业务发展的领导力。领导力体现在决心，体现在资源协调能力，是员工士气和组织能力的保证。尤其在欧美强势文化下，想依靠当地人做高管带领企业发展可以说是碰运气。实践证明，前期最好是中方"一把手"，慢慢上轨道后再由中方分管副职守成。

第二，重视国内自身管理水平的不断提升。无论是否"走出去"，企业自身管理水平的提升永远是一个需要前置的动作。如果自身的管理水平差强人意，在"走出去"的过程中面临更为复杂的经营环境时，管理上势必更加捉襟见肘。这里首先需要公司的高管层有一个开放的心态，虚心学习的同时尊重规律，不故步自封也不急于求成。万华化学的成长过程，也是一个不断学习并内化的厚积薄发的过程，其中，厂区规划学巴斯夫、安全管理学杜邦、财务管理学德勤、人力资源管理学GE等。正如华为任正非所说，无论美国怎么打压我们，我们还是需要向美国学习，这是一种胸怀，也是对企业发展规律的尊重和敬畏。

第三，重视合规性和当地工作习惯、文化差异。合规性的重要性不言而喻，在欧美成熟市场中，合规成本是很高的，这会让适应了国内快速、粗放发展的中国企业不适应。这里常见的极端心态是要么谈虎色变，不敢越雷池半步；要么耍小聪明，重视肯定是重视，空子也习惯性地钻钻。这里的"重视"应该是尊重并适应。遵纪守法是必需的，同时了解目标国的法治传统，避免"擦边球""走捷径"的惯性心态（很多企业认为在欧美国家法制严格，到亚非国家就无所谓了。事实并非如此，一个加纳的朋友曾说，加纳虽然落后但也有自己的各种法制，外国人去了往往会用简单粗暴的行贿方式尝试走捷径突破制度，也有不少"成功"案例，但长此以往培育出一个更加腐败的政府，吃亏的还是外国企业自身）。关于工作习惯和文化差异，这里的关键是对过去"成功"经验的不执着，不把过去的经验简单照搬甚至强加于人。国内习惯了边做边改，快速响应，国外更喜欢做好计划少变更，磨刀不误砍柴工；你强调加班加点，他强调工作与生活平衡，孰优孰劣，只能说条条大路通罗马。适应需要一个互相理解、互相学习的磨合过程，何况大多数情况下国外的管理方式可能更有先进性。

第四，重视中方外派人员的工作机制建立和职责边界明确。中方外派人员从文化认同度、业务能力、沟通信任度等方面都发挥着不可替代的作用，但从工作签证许可和成本的角度考量，势必不可能大量外派，具体的工作还是需要当地人来进行。有些岗位可以由中方人员直接担任，比如财务负责人，而涉及大量本土员工管理的岗位，中方人员就不一定适合担任实职管理。这就需要提前明确中方人员的定位与职责，以及相配套的工作机制，如向谁汇报，由谁考核，遵循什么样的沟通流程等。可以预见的是，这势必与在国内工作时有很大的不同，应尽可能提前设计好，并做好沟通和培训，避免中方人员的职责混乱与不适应。

第五，重视系统化的外派人员管理，保障外派人员职业发展与家庭平衡。正如前面提到，外派人员在整个"走出去"的过程中至关重要，他们是先锋队，是播种机，是"飞行员"式的精英，也是公司最宝贵的人力资源。要有系统化的选拔和培养机制，同时也要有相应的人才保留机制。相应地，外派待遇是必不可少的，除此之外，外派人员面临的最大挑战就是回任和家庭平衡，其中家庭也是外派失败的最常见原因。即便工作安排很难明确也需要尽可能明确外派时间，方便员工安置好家庭，也要为其进一步的职业发展提供更多的机会,如有海外工作经历的人可以优先晋升等。
这件事的难点在于公司需要不断培养合格的外派人员进行接替,同时公司
要确保良性的持续发展,规模不断增大,以便为外派人员提供回任机会。
这两点都对公司提出了不小的挑战。

第六,保持战略耐心,进行国际化人才培养与储备,在企业走向国际
化的进程中至关重要。在过去,企业的国际化发展更多是以业务为先导,
而如今,越来越多的企业开始意识到"人才先行"的重要性,这也是因为
国际化人才的培养周期较长,成本较高,以及中国并非一个多文化、多种
族的移民国家,因此,跨文化的理解力与业务语言能力的培养需要长时间
的积累。尽管在开展海外业务之前就提前储备好相应的国际化人才是非常
困难的,但一旦企业明确海外发展方向,就应该迅速着手培养相关人才。
特别是在涉及跨文化的理解能力和语言能力等方面,远非一蹴而就可以解
决的问题。虽然短期内可能"赶鸭子上架",但这绝非长久之计。国际化
人才的培养需要高层领导的战略耐心和持续的投入。国际化人才的培养和
储备需要让领导层深刻认识到它的重要性,要有清晰的战略规划和长远的
眼光。在此基础上,企业需要制订国际化人才储备的长期计划,并投入必
要的资源。培养国际化人才不仅是简单的语言或文化培训,更需要着眼于
他们全方位素质的提升,包括管理技能、跨文化交流技巧、国际化视野与
战略思维等。此外,制订国际人才培养计划是至关重要的。企业可以通过
与国外大学、研究机构合作,实施培训项目,并将国际化人才的培养纳入
员工培训计划,鼓励员工参与国际交流项目等方式,不断提升员工的国际
化素养。在公司内部也可以建立国际化人才的潜在人才库,通过内部选拔
及创造晋升机会,鼓励员工接受国际化职位的挑战,进而培养和锻炼国际
化人才。对于企业而言,国际化人才培养是一个朝气蓬勃的挑战和机遇。

为了应对全球化的竞争环境，不断寻求新的发展机遇，以及更好地适应和融入国际市场，企业需要坚定地投资于国际化人才的培养和储备工作中。只有实现了国际化人才的全面储备和持续培养，企业才能在国际化的征程上行稳致远，展现出更强大的活力和竞争力。

第七，以得到本土员工的认同、充分调动其积极性为最终管理目标。很少有公司可以像华为那样派出几千人去世界各地开展海外业务，说到底还要在少量外派人员的引导下，靠本土员工来开展工作，尤其是并购的方式，大量本土人力资源已经存在，如何最大化地发挥其主观能动性，快速实现本土化运营是可持续发展的关键。这要求公司从技术、管理、文化乃至高管的人格魅力等方面让本土员工信服，也切实带领当地公司走上一条正确的发展道路。万华化学时任董事长于退休之际，在匈牙利BC公司发表告别演讲，结束后持续近10分钟的全体起立的掌声，也很好地说明了万华化学持续良好的经营赢得了当地员工的认可和信任。这个目标的达成是终极的，也是最为复杂的。笔者认为，首先，既要摒弃"非我族类，其心必异"的狭隘民族观，又不能抱有完全靠当地人管理即可的幻想。然后，小心翼翼，如履薄冰，尊重规律，不断探索。

以上是对万华化学全球化成功的可复制因素的简单归纳，业务因素谈得少，管理因素谈得多，肯定不代表业务不如管理重要，而是对中国企业来说，普遍"重业务，轻管理"，相较于业务，管理上要补的课更多。希望通过这些最佳实践的整理能为中国企业"走出去"过程中的管理优化提供一些视角。

后　记

中国企业"走出去"的必由之路

　　曾经在美国与一些美国朋友讨论美国企业如何选拔派遣外派人员的话题。让笔者比较惊讶的是，选拔与派遣的过程也是比较随机，没有很科学、规范的流程。比如，中国上海那里有个工作机会，谁想去就举手，简单评估一下业绩能力和家庭等因素就派了。按理说，美国企业的管理是先进、规范的，为什么在这件事上处理得很是随意呢？为此，笔者又请教了美国当地很多著名咨询公司的专家，操盘过当年帮助包括NBA在内的很多美国企业走向全球化的成功案例，也都对这个话题缺乏敏感性甚至认为不是很关键。这跟我们的认知差异很大，到底是为什么呢？

　　中国企业"走出去"成功的本质不是财务指标，不是市场甚至不是技术，而是人。在人生地不熟的环境下，完全不同的文化和政策，如何让当地人认同中方资本，并想办法调动当地员工的积极性，才有可能获得技术、市场乃至财务利润回报。中国管理层与本土员工之间，必然要经历一个彼此从不信任到慢慢信任的过程。

　　这背后的本质是规则的制定权，或者说凭什么我要遵循你制定的规则。从表面上看，在全球化市场经济下，资本决定了规则制定权，具体来说，无论在哪个国家，只要是在成熟的市场经济环境下，公司的治理结构一般为按照出资比例组成董事会，根据出资比例所代表的投票权大小来决定规则的制定，再由任命总经理执行相应的规则。而这一切是建立在资本安全的前提下，在不被信任的环境下，人们面对外来资本首先考虑的也许是怎么破坏资本和怎么没收资本，而不是听命于外来资本。政治关系所代表的当地政府可以保证外来资本的安全，即便如此，对外来资本制定的规则也有阳奉阴违和同心同路的本质差别。所以，到底是什么决定了规则制定权？在笔者看来，文化决定了规则的制定权，这里的文化又分为"强势文化"和"弱势文化"，强弱是一个相对概念。

决定文化强弱的因素大概有大国心态、民族特质、近现代发展史。所谓大国心态是个地理和人口概念，有没有广阔的战略纵深，有没有众多的人口，这里孕育的文化是不可复制的。大国，可以被打败但不能被征服。从这个意义来说，中美俄有大国心态，英法借助历史上的 3 300 万平方千米殖民地有大国心态，日韩没有大国心态，新加坡更没有。有大国心态的一方也必然是强势文化的一方。民族特质跟个人的性格一样，是一个民族的性格特征，是内敛谦逊的，还是张扬自信的？是对外扩张的，还是保守的？是排他的，还是包容的？很显然，英美的盎撒文化属于强势文化，中日韩的东方文化属于弱势文化。近代发展史就更容易理解了，近现代发展迅速的、没有历史矛盾和抱负的，容易形成国家自信的强势文化；而像匈牙利这种两次世界大战站错队的国家，属于弱势文化。中国也属于弱势文化，这也是为什么改革开放刚开始进行时，我们对日资、台资、韩资、港资这类企业也是极为推崇的原因吧。资本并不是文化强弱的决定因素，而是在文化加持下发挥作用，就好比仅是有钱并不能成为贵族一样。换句话说，弱势文化的资本到强势文化的环境下，资本也不一定具有规则的制定权。需要说明的是，强势、弱势不代表文化的强弱，只是一种文化性格特质，强势文化强调文化输出，具有一定的外向性和排他性，更不容易被影响，而弱势文化则包容性更强。综上所述，在上述因素的综合作用下，就形成了在经济全球化过程中的国与国之间的文化性格特质。而公司资本必然在这个大框架和文化背景下开展经济行为。当资本由强势文化流向弱势文化时，更容易巩固规则的制定权，而当资本由弱势文化流向强势文化时，其规则制定权容易受到挑战。

再来回答前面关于美国公司为什么不重视外派人员的选拔与管理规范的问题。从大国心态、民族特质、近现代发展史等几个角度来看，美国是典型的强势文化，加上先进的现代管理制度和企业成功案例，其代表的资本在世界各地都有很强的规则制定权，没有人去挑战。在这种情况下，自然是派谁去都能形成权威，产生信任，不需要再大费周章地去规范这方面的管理。同样地，当中国企业到柬埔寨、越南等国家投资时，资本从强势文化到弱势文化，这方面的压力必然也小很多，也许根本不是问题。所以，中国企业"走出去"的最大挑战来自到欧美强势文化国家去投资所带来的规则制定权的挑战与彼此信任关系的建立。

从战略上讲，这是个深层次的国家、民族、文化问题，很难在短期内彻底解决。从战术上讲，还是有些操作要领的，这方面日本是个好榜样。无论是古代学习中国还是现代学习美国，日本都是从弱势文化到强势文化过程。结合前面万华化学的案例，我们不妨大胆提出几点操作建议：首先，自身硬。无论是开创中国外的技术、市场还是资源、劳动力，都需要有拿得出手的看家本领，同时尽快走出作坊式管理水平，向西方企业学习管理语言和工具，培育并提升真正的企业家精神。其次，用自己人。由弱势文化到强势文化，短期没建立起信任关系，早期不要急于期待本土化，用自己的员工是必然选择。派谁去就显得很关键，前面提到体系化的外派人员管理和保持战略耐心进行国际化人才培养就是必经之路。最后，走自己的路，提升创新能力。一方面我们有着5 000年悠久历史的文化自信，坚持走自己的道路；另一方面也需要适应新的发展格局不断地创新。华为已经到了无人区，万华化学的 MDI 已经做到世界第一，再往前路在何方，唯有创新，这是关乎人类命运共同体的创新。而创新能力的打造不是企业到了这一步才去思考的。中学为体，西学为用，不要忘记中国企业"走出去"的终极目标是最大化地调动本土员工的积极性并得到其认同，换取经济利润的同时也是一种软实力的输出。这对弱势文化向强势文化的公司资本来说实属不易，无论技术、管理还是文化感召，必须有自己真正领先的东西，才有可能让优越惯了的盎撒人心悦诚服。而创新能力的打造，不是一家公司的事情，而在这方面我们还有很长的路要走，也是中国企业"走出去"的必由之路。

参考文献

[1] 贝恩.从"走出去"到"全球化"中国科技/高端制造企业加码国际化战略白皮书2023[EB/OL]. https://www.bain.cn/pdfs/202304180647552154.pdf.

[2] 埃森哲.走向全球,行稳致远:埃森哲2022中国企业国际化调研[EB/OL]. https://www.accenture.cn/content/dam/accenture/final/a-com-migration/pdf/pdf-178/accenture-china-inc-go-global-final-v2.pdf#zoom=50.

[3] 中华人民共和国商务部,国家统计局,国家外汇管理局.2022年度中国对外直接投资统计公报[M].北京:中国商务出版社,2023.

[4] 飞书深诺.2023年中国企业出海信心报告[EB/OL].(2023-03-30). https://www.xdyanbao.com/doc/5y6dturi7h?bd_vid=11421606369267147813.

[5] 安永中国海外投资业务部.2023年一季度中国海外投资概览[EB/OL]. https://assets.ey.com/content/dam/ey-sites/ey-com/en_cn/topics/coin/ey-overview-of-china-outbound-investment-of-q1-2023-bilingual.pdf.

[6] 哈佛商业周刊.Being the Boss in Brussels, Boston, and Beijing[EB/OL]. https://hbr.org/2017/07/being-the-boss-in-brussels-boston-and-beijing.

[7] 孙敏.组织身份认同的经济机制研究[J].中央财经大学学报,2016(4):90-94.

[8] 杨光军.万华海外并购整合实践.

[9] 高冬梅.从小皮革厂发展成世界第一,打破国际垄断,这家公司凭什么?[EB/OL].(2019-12-18). https://baijiahao.baidu.com/s?id=1653223171755535819.